Elisangela Leitzke

Die Deutsche Einwanderung in Brasilien im 19. und 20. Jahrhundert

Das Leben der Einwanderer und deren Nachkommen in Südbrasilien: Pastor Faulhaber als Beispiel eines Werdegangs

GRIN Verlag

Bibliografische Information der Deutschen Nationalbibliothek:

Die Deutsche Bibliothek verzeichnet diese Publikation in der Deutschen Nationalbibliografie; detaillierte bibliografische Daten sind im Internet über http://dnb.d-nb.de/ abrufbar.

Impressum:

Druck und Bindung: Books on Demand GmbH, Norderstedt Germany
ISBN: 978-3-656-75491-6

Dieses Buch bei GRIN:

http://www.grin.com/de/e-book/281278/die-deutsche-einwanderung-in-brasilien-im-19-und-20-jahrhundert

Ludwig-Maximilians-Universität München
Fakultät für Geschichts- und Kunstwissenschaften
Historisches Seminar

Lehrstuhl für Neuere und Neueste Geschichte

Hausarbeit zur Erlangung des Magistergrades
an der Ludwig-Maximilians-Universität München

Die Deutsche Einwanderung in Brasilien im 19. und 20. Jahrhundert.

Das Leben der Einwanderer und deren Nachkommen in Südbrasilien:
Pastor Faulhaber als Beispiel eines Werdegangs

Eingereicht von:

Elisangela Leitzke

Studiengang: Magister Neuere und Neueste Geschichte
Fächer: HF: Neuere und Neueste Geschichte / 1.NF: Mittelalterliche Geschichte / 2.NF: Volkskunde / Europäische Ethnologie

München, den 19.01.2012.

Inhaltsverzeichnis

1. Einleitung

Das Thema dieser Arbeit ist die Deutsche Einwanderung in Brasilien im 19. und 20. Jahrhundert. Aufgrund des Umfangs einer Magisterarbeit muss es aber einige Einschränkungen geben. Der mit dem Untertitel verbundene Bezug auf eine bestimmte Person als konkretes Beispiel bringt diese Einschränkung mit sich. Trotzdem soll ein Überblick – der von den Anfängen der Massenauswanderung bis hin zu den Weltkriegen und deren Folgen in der lokalen Gesellschaft geht – versuchen, bestimmte Vorgänge und Konsequenzen zu erläutern, da dieser Teil der Geschichte für viele eher unbekannt ist.

Um die Deutsche Einwanderung zu beschreiben, werden zunächst die Push-Faktoren, die Gründe für die Auswanderung aus Deutschland, dargestellt sowie die damalige deutsche Gesellschaft und die soziale und politische Lage, um alles in den geschichtlichen Kontext einzubetten. Auf der anderen Seite kommen die Pull-Faktoren für die Einwanderung nach Brasilien hinzu, der Besiedlungswunsch seitens der portugiesischen und dann der brasilianischen Regierung und die Möglichkeiten im neuen Land.

Nach der Ankunft in Brasilien bezieht sich diese Arbeit schwerpunktmäßig auf die Einwanderer, die sich in Blumenau – wohin Faulhaber auswanderte – im heutigen Bundesland Santa Catarina ab der Gründung 1850 niederließen. Daneben kommen auch andere Städte, Orte und verschiedene Personen zum Vorschein, soweit es sich für einen Vergleich oder zum besseren Verständnis anbietet.

Es wird der Aufbau der lokalen Gesellschaft betrachtet, was eine Auseinandersetzung mit den ineinander verwobenen Faktoren Politik, Kirchen-, Bildungs-, Presse-, und Vereinswesen bedeutet. Vor allem Kirche und Schule waren als Träger der deutschen Sprache und Kultur wichtig und werden hier angesprochen.

Anhand des Lebens von Hermann Faulhaber, eines deutschen Pastors, der nach Blumenau in Südbrasilien auswanderte, wird ein Blick auf die dortige Gesellschaft geworfen. Dazu werden seine biographischen Daten und sein dokumentarischer Nachlass – in den verschiedenen Bereichen, in denen er tätig war – analysiert. Es wird Faulhabers Werdegang beschrieben: die Auswanderung nach Brasilien, seine Tätigkeit in Blumenau in Südbrasilien und seine Rückkehr mit der Familie nach Deutschland bis zu seinem Tod.

Außerdem wird noch ein kurzer Ausblick über die Situation der Deutschen und deren Nachkommen in Brasilien gegeben. Die nächsten Jahre wurden bewegte Jahre für Deutschland und Europa, da die beiden Weltkriege die Weltgeschichte und das Leben mancher Menschen geändert haben, obwohl diese Menschen auf einem anderen Kontinent

lebten.
Am Ende der Arbeit wird noch ein kurzer Überblick gegeben und die Folgerungen meiner Analyse dargestellt.

1.1. Fragestellung und Methode

Das Hauptanliegen dieser Arbeit ist es, einen Gesamtüberblick über die deutsche Einwanderungsgeschichte in Brasilien darzustellen, von den Anfängen der Einwanderung ab Ende des ersten Viertel des 19. Jahrhunderts bis in die 1940er Jahre. Dafür werden einzelne Schwerpunkte gesetzt: Kirche und Schule als Träger der deutschen Kultur im Ausland, Deutschtum und Nationalismus in Brasilien, sowie Aspekte der Assimilation. Dabei liegt ein besonderes Augenmerk auf der Zeit um die Jahrhundertwende. Die Jahre zwischen 1889 und 1906 sollen als kurzer Rahmen dienen, um die lokale Gesellschaft in Blumenau ausführlicher zu präsentieren.
Indem ich das Leben eines Einwanderers – Pastor Hermann Faulhaber – betrachte, stelle ich exemplarisch einige Fragen, die zur Analyse der erarbeiteten Ergebnisse dienen, die man aber auch anhand anderer Persönlichkeiten dieser Zeitepoche oder irgendeiner anderen Zeit hätte stellen können. Wie war Faulhabers Werdegang bis er nach Blumenau in Brasilien ging? Wie lebte er und was bewirkte er in Blumenau? Außerdem ermöglicht seine Person noch in einer anderen Hinsicht eine interessante Analyse: er blieb nicht in Brasilien, sondern kehrte nach Deutschland zurück. Was bewog ihn dazu? Es bietet sich auch an zu fragen, wie er sich als Deutscher in Blumenau fühlte und was ihm seine Rückkehr nach vielen Jahren in sein Heimatland bedeutete.
Ich werde anhand von ein paar ausgewählten Briefen und anderen Texten Faulhabers und dem Personenkreis in seinem Umfeld den Beitrag dieses deutschen Einwanderers zur Entwicklung Blumenaus in dieser Phase der Geschichte Brasiliens darlegen und die Wirkungen seiner Tätigkeit herausarbeiten.
Die Entscheidung für Faulhaber ist von mir getroffen worden, weil er zur Zeit der Proklamation der brasilianischen Republik im Jahr 1889 nach Brasilien auswanderte. Es war eine bewegte Zeitepoche im Land, die leider unter den Forschern der deutschen Einwanderung in Brasilien weniger Beachtung findet als die Zeit der ersten Einwanderungen oder der beiden Weltkriege. Außerdem war er kein unbekannter Auswanderer, der in der Menge hätte verschwinden können – schon aufgrund seines Berufes – er war Pastor und Lehrer der „Neuen Deutschen Schule“ und zudem angeblich

Begründer von zwei Zeitungen. Aber dennoch war er auch nicht so wichtig, als dass schon über ihn geforscht worden wäre.

Viele Briefe von ihm oder an ihn, einige über ihn, sind überliefert worden. Dadurch, dass es sich größtenteils um Primärquellen handelt, werde ich die Quellen selbst sprechen lassen, indem ich den originalen Wortlaut wiedergebe. Sein Werdegang und seine Tätigkeiten werden dieser Arbeit teilweise ihre Struktur geben.

Es wurde für diese Arbeite eine Liste mit Abkürzungen erstellt, sowie zum besseren Verständnis und zur Möglichkeit einer geographischen Einordnung zwei Karten angehängt: eine für ganz Brasilien und eine für das Tal des Itajaí. Außerdem wurde auch ein kurzer Bericht verfasst, der näher darauf eingeht, warum ich mich während meines Praktikums für dieses Thema für meine Magisterarbeit entschieden habe.[1]

1.2. Forschungsstand und Quellenlage

Um diese Fragen zu beantworten und Faulhabers Weg nachzuzeichnen, werden die dazu dienenden Quellen herangezogen und für eine Einbettung in die damalige Zeit zudem die Literatur analysiert. Eine erstellte Bibliographie folgt dann am Ende der Arbeit. Vorwegzunehmen sind die wichtigsten Archivbestände, Werke und Autoren, die sich mit dem Thema auseinandersetzten oder dies heute noch tun. Aufgrund ihrer Bedeutung für diese Arbeit müssen sie angeführt werden. Einige Autoren tauchen immer wieder auf, nämlich diejenigen, die sich am intensivsten damit beschäftigten oder die einschlägigsten Werke – zum Teil auch mehr als nur eines – zum Thema anfertigten. Im Forschungsstand wird aber nur eine Angabe pro Autor gemacht – wenn nicht anders angeführt.

Meine Arbeit behandelt das Leben und Werk von Hermann Faulhaber, erfordert daneben aber umfangreiches Hintergrundwissen, um diese Zeitepoche in das richtige Blickfeld zu bekommen. Daher habe ich neben der deutschen und brasilianischen Literatur auch die Englische und Spanische herangezogen, um einen Überblick zu bekommen. Was die Zitate betrifft, habe ich mich dafür entschieden, die in portugiesischer Sprache verfassten Worte – wenn wörtlich zitiert – frei zu übersetzen, da es sich nicht um eine gängige Fremdsprache wie Englisch oder Spanisch handelt.

Damit die Personen, die diese Arbeit lesen, die darauffolgenden Entwicklungen verstehen können, wie es zu einen Werdegang wie dem des Pastors Faulhabers kam, gebe ich die Richtlinien der Deutschen Auswanderung im Allgemeinen und nach Brasilien im

---

[1] Siehe Anhänge 9.1., 9.2., 9.3 und 9.4.

Besonderen wieder, um mich dann der Geschichte Blumenaus – wohin er auswanderte – zu widmen. Erst dann kann man die Realität der lokalen Gesellschaft richtig zu deuten versuchen und damit Faulhaber in Blumenau folgen. Hinzu kommen noch wichtige Entwicklungen, nachdem Faulhaber schon längst wieder nach Deutschland zurückgekehrt war.

Es gibt Institute sowohl in Brasilien als auch in Deutschland, die sich mit dem Thema der deutschen Einwanderung in Brasilien beschäftigen: das Martius-Staden-Institut in São Paulo[2], das seit 1953 ein Jahrbuch herausgibt, die Freie Universität Berlin oder das Lateinamerika-Institut sowie das Ibero-Amerikanische Institut in Berlin. Ich habe direkten Kontakt nur mit dem Martius-Staden-Institut aufgenommen. Obwohl die anderen Institute für die Forschung Brasiliens und Deutschlands auch wichtig sind, waren sie für diese Arbeit nicht von Bedeutung.

Berichte, Ratgeber, Werbeschriften, Broschüren, Zeitungen, private und offizielle Korrespondenz sind in verschiedenen Archiven zu finden: die Akten des Evangelischen Zentralarchivs in Berlin – EZA[3], zur Geschichte der Kolonie Blumenau direkt vor Ort das *Arquivo Histórico José Ferreira da Silva* – AHJFS[4], das die Einsicht in die Zeitung *Der Urwaldsbote* ermöglicht ebenso wie die *Biblioteca Municipal Dr. Fritz Müller* Bücher zur Verfügung stellt, die sonst schwierig zu finden sind.

Für diese Arbeit waren vor allem die Dokumente des EZA in Berlin und des AHJFS in Blumenau entscheidend.

Sowohl die brasilianischen Gesetze als auch die Gesetze in den deutschen Territorien sind für die Arbeit wichtig, da sie teilweise die Auswanderung lenkten oder zumindest

[2] http://www.portoseguro.org.br/martius_de.asp: „Das Martius-Staden-Institut unterhält die größte und bestsortierteste BIBLIOTHEK in Lateinamerika zu den Themen deutsche Einwanderung und brasilianische Geschichte in deutscher Sprache. Einmalig ist dabei die Sammlung deutschsprachiger Zeitungen, die in Brasilien erschienen sind und die sämtlich im Institut auf Mikrofilm vorliegen. Zudem findet man im Bibliotheksbestand Werke der Literatur, Philosophie, Kunst und Reisen, in deutscher, englischer sowie portugiesischer Sprache.“ Hervorhebung im Original.

[3] http://www.ezab.de/d/aframe.html: das Archiv ist extrem wichtig, da es den Nachlass Faulhabers aufbewahrt hat. Es „ist 1979 durch die Zusammenführung des Archivs der Evangelischen Kirche in Deutschland (EKD) mit dem Archiv der Evangelischen Kirche der Union (EKU) gebildet worden. (…) Das EZA ist zuständig für das archivreife Schriftgut der Organe, Amtsstellen, Einrichtungen und Institute der EKD und der UEK und ihrer Rechts- und Funktionsvorgänger. Daneben sammelt es Archivgut überregionaler selbständiger Einrichtungen und Vereine, die mit der evangelischen Kirche zusammenarbeiten und sie in ihrem Auftrag und Wirken unterstützen, sowie Nachlässe von Persönlichkeiten, die im Raum der Kirche wirkten. Seit dem 1. Januar 2006 ist die EKD alleiniger Träger des EZA.“

[4] http://www.arquivodeblumenau.com.br/arqhistorico.html: Dies ist das Archiv für den Bestand an öffentlichen, privaten und institutionellen Dokumenten sowie Sammlungen über die Geschichte der Stadt Blumenau und die Region um das Itajaí-Tal. Das Archiv ist auch mit der Kulturinstitution der Stadt verbunden.

beschränkten. Diese werden normalerweise von anderen Autoren aufgegriffen, die sich direkt damit auseinandersetzten.

Die verschiedenen Berichte von Dr. Hermann Blumenau – Gründer der Kolonie und späteren Stadt Blumenau – enthalten viel Material über die Zeit der Auswanderung, stellvertretend seien hier zwei Werke[5] genannt, die für mich von Bedeutung waren: seine ersten zwei Berichte „Südbrasilien in seinen Beziehungen zu deutscher Auswanderung und Kolonisation“ von 1850 und „Leitende Anweisungen für Auswanderer nach der Provinz Santa Catharina in Südbrasilien“ von 1851, beide in Rudolstadt in Deutschland erschienen. Allerdings ist die Sprache ein wesentliches Problem für viele brasilianische Forscher. Es fehlen Kenntnisse, um die Quellen zu bearbeiten und in deutscher Sprache können die Wenigsten schreiben. Noch komplizierter wird es, wenn es sich um nicht gedruckte Schriften handelt, die noch nicht ediert worden sind bzw. um die Frakturschrift, die Sütterlinschrift oder wie diese Schriftarten in Brasilien allgemein bekannt sind als die „alte deutsche Schrift“ oder „gotische Schrift“. All das fördert nicht unbedingt einen wissenschaftlichen Austausch zwischen Deutschland und Brasilien, oder anders

[5] Hermann Blumenau [1850]: Südbrasilien in seinen Beziehungen zu deutscher Auswanderung und Kolonisation, in: Cristina Ferreira und Sueli Maria Vanzuita Petry (Hrsg.): Um alemão nos trópicos. Dr. Blumenau e a política colonizadora no sul do Brasil. Edição Especial Alusiva ao Centenário de Falecimento de Hermann Bruno Otto Blumenau 1899 – 1999. / Ein Deutscher in den Tropen. Dr. Blumenau und die Kolonisationspolitik in Südbrasilien. Sonderauflage zum 100. Todestag von Hermann Bruno Otto Blumenau 1899 – 1999. Blumenau 1999, S. 46-173. Der erste Bericht enthält Anweisungen, Ideen, Beschreibung und Verteidigung des Landes gegen Agenten, die es schlechtreden wollten. Blumenau beschreibt die Natur, Kolonisationsmöglichkeiten, Gesetze, Steuern, die politische, wirtschaftliche und landwirtschaftliche Lage der Region. Es ist ein Bericht über Pflanzen, Tiere, Menschen, Geographie, Industrie, Grundbesitz und Erwerb von Land sowie die Gerichtsbarkeit. Außerdem fügte er Auszüge aus der brasilianischen Reichsverfassung und verschiedenen Gesetzen ein, die er ins Deutsche übersetzte und als Anhang veröffentlichen ließ. Und der zweite Bericht: Hermann Blumenau [1851]: Leitende Anweisungen für Auswanderer nach der Provinz Santa Catharina in Südbrasilien, in: Cristina Ferreira und Maria Sueli Vanzuita Petry (Hrsg.): Um alemão nos trópicos. Dr. Blumenau e a política colonizadora no sul do Brasil. Edição Especial Alusiva ao Centenário de Falecimento de Hermann Bruno Otto Blumenau 1899 – 1999. / Ein Deutscher in den Tropen. Dr. Blumenau und die Kolonisationspolitik in Südbrasilien. Sonderauflage zum 100. Todestag von Hermann Bruno Otto Blumenau 1899 – 1999. Blumenau 1999, S. 174-280. Dieser Bericht enthält direkte Anweisungen für die praktische Übersiedlung: was man zu beachten hat um ein Ziel zu wählen, z.B. Beruf und Zeit um sich richtig zu entscheiden, aber auch Anweisungen bezüglich Kleidung, Geld, Geräte usw. Hier betrachtete er sich bereits als „ehemals praktischem Chemiker, jetzt Kolonist am Rio Itajay in der genannten Provinz“, denn so bezeichnete er sich auf der Titelseite des Werkes. Schon in den Vorbemerkungen erwähnte er einige Werke bezüglich Kolonisation und äußerte sich über die Landerwerbsverhältnisse. Im ersten Kapitel behandelte er den Beruf, d.h. er besprach Vorteile und Nachteile bestimmter Berufe und Unternehmungen bei der Auswanderung nach Santa Catarina, sowie die Rolle der Familie und Klassenzugehörigkeit. Im zweiten Kapitel nahm er die Vorbereitungen zur Übersiedlung unter die Lupe: Kosten, Dauer und Beschreibung der Reise, Ausrüstung und Kleidung für das Leben im Übersee; aber auch Sachen, um sich in der Freizeit beschäftigen zu können, Gegenstände, Arzneimittel, bestimmte Samen, die mitzubringen waren, sowie Erfahrung in bestimmten technischen Angelegenheiten. Im dritten Kapitel behandelte er die Abreise aus der Heimat und die Ankunft in dem neuen Land: die Erledigung von Kleinigkeiten vor und an Bord und die Tatsache, dass man sich in Brasilien erst umschauen sollte, bevor man sich für einen Ort entscheidet. Natürlich schrieb Blumenau auch Briefe und später noch einige Berichte und ließ sie veröffentlichen, jedoch sind diese für meine Arbeit nicht von Bedeutung.

ausgedrückt, be- und verhinderte dieser Umstand die Forschungen.

Aufgrund mangelnder Kenntnisse der deutschen Sprache oder Tipp- und Schreibfehlern tauchen in einigen Texten – von Wissenschaftlern und Zeitgenossen der Einwanderung – auch grammatikalische Fehler auf, die in den Zitaten übernommen werden – wobei auf diese jedoch aufmerksam gemacht wird. Genauso werden von den Autoren gekennzeichnete Textstellen, die hervorgehoben worden sind und auf etwas hinweisen sollen oder ein Hinweis dafür sind, dass etwas in einer Fremdsprache geschrieben worden ist - auch wenn es sich um die deutsche Sprache handelt - beibehalten. Da die Epoche, die von der Arbeit abgedeckt wird, ziemlich lang ist, tauchen auch verschiedene Schreibweisen auf, weil sich die grammatikalischen Regeln von damals im Laufe der Zeit verändert haben.

"Gesellschaften, Klassen und *Schriften*, erzählen ihre Geschichte in Geschichten, in überschaubaren und auf verschiedene Sachverhalte ausgerichteten Episoden."[6] Denn auch die Schriften erzählen ihre eigene Geschichte, nicht nur die, die sie erzählen wollten oder sollten und die die Leser daraus entnehmen.

Für die Geschichte Blumenaus ist die Zeitschrift *Blumenau em Cadernos* extrem wichtig. Sie erschien das erste Mal im November 1957 in Curitiba. Herausgeber war José Ferreira da Silva, der von 1938 bis 1941 Bürgermeister Blumenaus gewesen war und über die Geschichte der Stadt forschte. Die damals monatlich erscheinende Zeitschrift nahm sich vor, das im historischen Archiv Blumenaus vorhandene Material für die Nachwelt zu erschließen, darunter Fakten über das Bundesland Santa Catarina – auch als SC bezeichnet –, hauptsächlich aber über das Itajaítal.[7] Sie ist eine der wenigen brasilianischen Zeitschriften, die ohne Unterbrechung seit ihrem ersten Erscheinen fortgesetzt wird.[8] Sie erscheint bis heute regelmäßig alle zwei Monate.

---

[6] Konrad Köstlin: Folklore, Folklorismus und Modernisierung, in: Schweizerisches Archiv für Volkskunde / Archives suisses des traditions populaires. Vierteljahrschrift im Auftrag der Schweizerischen Gesellschaft für Volkskunde 87 (1991), S. 46-66, hier: S. 57.

[7] José Ferreira da Silva: A imprensa em Blumenau. Florianópolis 1977, S. 139f.: Zum Zeitpunkt der Erscheinung lebte der Herausgeber in Curitiba. Ab 1962, als er nach Blumenau zurückkehrte, wurde auch das Heft direkt in Blumenau herausgegeben. Sein Ziel war die „Herausgabe von Artikeln, Chroniken, Berichten, Briefen und anderen historischen Dokumenten" über Santa Catarina und vor allem über das Itajaítal. Er wollte das Material des städtischen Archivs für Geschichte genutzt wissen.

[8] http://www.arquivodeblumenau.com.br/bnucadernos_1.php: Auch wenn sie sich mit der Vergangenheit und dem Kampf der Einwanderer im ganzen Bundesland beschäftigt, so liegt der Schwerpunkt in der „Forschung über den Alltag, die Beziehungen zwischen den Geschlechtern, Biographien, Politik, Bildung, Kultur, Gesellschaft und Geschichte der Region des Itajaítals, hauptsächlich in Blumenau." 1997 wurde einiges umgestaltet, aber die Richtlinien bleiben dieselben. *Blumenau em Cadernos* soll auch online erscheinen, sobald alle Hefte digitalisiert sind.

Einige Autoren beschäftigten oder beschäftigen sich direkt mit dem Thema der deutschen Einwanderung in Brasilien, dem Schicksal der deutschen Einwanderer und deren Nachkommen, ihrer Leistung und ihrem Beitrag zum Aufbau der brasilianischen Nation. Es waren Deutsche oder Deutschstämmige, Einwanderer oder Reisender wie z.B. Karl Fouquet[9], Karl Heinrich Oberacker Jr.[10], Alfred Funke[11] und Hartmut Fröschle[12]. Auch Autoren wie Lacmann[13], Wettstein[14] und Zöller[15], sie alle schrieben über ihre Erlebnisse und die Gesellschaft ihrer Zeit. Hinzu kommt ein brasilianischer Autor, Gilberto Freyre[16].

---

[9] Carlos Fouquet: Der deutsche Einwanderer und seine Nachkommen in Brasilien. 1808 – 1824 – 1974. São Paulo und Porto Alegre 1974. Der Autor begann mit einem Blick auf die Wanderungen schon im 15. Jahrhundert und nannte einige Beispiele von deutschen Einwanderern, bevor er zu den Kolonien in den einzelnen Staaten kam und zu den aus deutscher Perspektive Auswanderern selbst, sowie zu deren Heimatland und Brasilien und einige Brasilianer, die direkten Kontakt mit den Deutschen und deren Nachkommen hatten. Er schloss mit einem Kapitel über das Wirtschaftsleben, die Kultur, die Bildung und die Religion.

[10] Karl Heinrich Oberacker Junior: Der deutsche Beitrag zum Aufbau der brasilianischen Nation. São Paulo 1955. Oberacker versuchte, die Bedeutung des deutschen Beitrages beim Aufbau Brasiliens im Laufe seiner Geschichte herauszuarbeiten und die Geschichte selbst als Hintergrund dienen zu lassen. Diese Herangehensweise ist höchst einseitig, was dem Autor bewusst war. Damit beging er den Fehler, nur eine Seite der Geschichte zu betrachten, zum Schaden aller anderen anwesenden Ethnien in Brasilien. Obwohl es am Ende ein Quellenverzeichnis gibt, gibt es keine eindeutigen Belege im Text, da zwar die Autoren genannt werden, nicht aber wichtige Daten wie die Seitenangabe wo es zu finden ist.

[11] Alfred Funke: Brasilien im 20. Jahrhundert. Berlin 1927. Ein Bericht über die Verhältnisse in Brasilien. Es beginnt mit einer Einführung in die historischen Gegebenheiten, um anschließend einzelne Staaten aufzugreifen: Nordosten, Pernambuco, Bahia, Rio de Janeiro, Minas Gerais, São Paulo. Dann kommt es zum Süden, um über die deutschen Siedler, ihrer Arbeit und Art zu schreiben. Er ist sehr konservativ und wirkt fast sensationslüstern mit Behauptungen ohne Belege.

[12] Hartmut Fröschle: Die Deutschen in Brasilien einst und jetzt. Wien 2006: Der Autor beginnt mit der Beschreibung von Land und Leuten, um dann zur deutschen Einwanderung, Kolonisation und Siedlung v.a. im Süden und Südosten des Landes zu kommen. Er geht auf die einzelnen Staaten ein. Danach beschreibt er das Gemeinschaftsleben, d.h. Schule, Kirche, Vereinswesen, Presse, Medien und Literatur. Zum Schluss erwähnt er die heutige Lage der Nachkommen der deutschen Einwanderer und gibt einen Einblick in die Deutschbrasilianische Forschung.

[13] Wilhelm Lacmann: Ritte und Rasttage in Südbrasilien. Reisebilder und Studien aus dem Leben der deutschen Siedelungen. Berlin 1906. Lacmann berichtete über seine Reise in den Jahren 1903 und 1904 in den östlichen Teil des Bundeslandes SC: von der Landung auf São Francisco, über die deutschen Siedlungen Joinville, São Bento, Rio Negro und Blumenau bis zu den Verkehrsverhältnissen, die wirtschaftliche Lage Blumenaus und die Beschaffenheit der Brasilianer. Es ist eine romantisierte Darstellung, die keine Belege angibt und den Brasilianer gegenüber vorurteilsvoll ist, obwohl in bestimmter Hinsicht manchmal korrekt.

[14] Karl Alexander Wettstein: Brasilien und die deutsch-brasilianische Kolonie Blumenau. Leipzig 1907. Der Autor begann mit der Geschichte der Entdeckung Brasiliens, um dann auf die Grundlagen der Geographie, der Geschichte, der Verfassung, der Gerichtspflege einzugehen. Außerdem beachtete er die wirtschaftliche Lage und die Verkehrsverhältnisse, sowie eine nähere Betrachtung der Komark Blumenau.

[15] Hugo Zöller: Die Deutschen im Brasilianischen Urwald. Bd. 1 und 2. Berlin und Stuttgart 1883. Im ersten Band begann er mit dem „Stammland" Brasiliens Portugal, kam dann zu Rio de Janeiro, das Leben in Brasilien und eine Beschreibung des „demokratischen Kaiserreiches", darin inbegriffen die Sklavenfrage. Das zweite Band ist auf Südbrasilien ausgerichtet und zwar ging er auf die Kolonien Dona Francisca und Blumenau ein, sowie die Stadt Porto Alegre und den Urwald von Rio Grande do Sul.

[16] Gilberto Freyre: Nós e a Europa Germânica: em torno de alguns aspectos das relações do Brasil com a cultura germânica no decorrer do século XIX. Rio de Janeiro 1971. Freyre setzte sich erst mal mit den Kolloquien der Deutschbrasilianischen Studien auseinander. Danach bezog er sich auf die Beziehungen des Bundestaates Pernambuco im Nordosten Brasilien mit den „deutschen Teil Europas" im 19. Jahrhundert, vor allem im Handel und in der Kultur. Er ging auf das Leben Alfredo de Carvalhos, eines Historikers deutscher

Von Gertz wird sogar behauptet, er hätte geschrieben um Oberacker zu revidieren.[17]

Einige Forscher wirken teilweise sehr konservativ und haben eine einseitige Sichtweise bzw. vertreten eine Einstellung, die vielleicht zeitlich bedingt war. Daher muss man die Einstellung der Autoren und den damaligen Zeitgeist immer genau beachten. Man muss auch auf orthographische Änderungen achten, die Veränderung des Wortsinns im Laufe der Jahrhunderte, um bestimmte Zusammenhänge nicht falsch zu interpretieren.

Ein Problem der brasilianischen Forscher ist, dass einige nicht immer sehr sorgsam mit Quellenbelegen umgehen. Es gibt wichtige Wissenschaftler, die für ihre eigentlich seriöse Arbeit in der wissenschaftlichen Landschaft bekannt sind, bei denen es aber an Quellennachweisen und Literaturangaben mangelt. Der Autor wird vielleicht noch genannt, aber nicht die konkrete Seite, der ein bestimmtes Zitat entstammt. Ein Beispiel dafür ist Giralda Seyferth[18], die die Auswirkungen auf das Leben der deutschen Einwanderer und deren Nachkommen im Hinblick auf Immigration, deutsche Kolonisation, Kultur, Identität, Ethnizität und Konflikte erforschte. Ihre Aussagen wirken ziemlich verallgemeinernd, denn regionale Unterschiede werden oft nicht angesprochen. Ein weiteres Beispiel ist Telmo Lauro Müller[19], der mehrere Bücher und Aufsätze über die

---

Herkunft, ein und auf die sogenannte Schule aus Recife und deren Deutschtum, sowie auf Graca Aranha, ein Gelehrte, der ein Roman schrieb, in denen die Protagonisten Deutsche in einer Kolonie in Brasilien sind. Nicht zuletzt erwähnte der Autor Dom Pedro II. und die Meinung einige Leute über ihn. Zum Schluss zitiert er seine wichtigsten Quellen, die er selber katalogisierte.

[17] René Gertz: Cidadania e Nacionalidade: História e Conceitos de uma Época, in: Telmo Lauro Müller (Hrsg.): Nacionalização e Imigração Alemã. X Simpósio de História da Imigração e Colonização Alemãs – São Leopoldo, set. de 1992. São Leopoldo 1994, S. 13-26, hier: S. 18.

[18] Giralda Seyferth: Imigração e cultura no Brasil. Brasília 1990. Giralda Seyferth ist eine hochgeschätzte Wissenschaftlerin in Brasilien. Sie beschäftigt sich schon sehr lange mit dem Deutschtum in Brasilien und einige ihre Werke und Aufsätze sind in dieser Arbeit zu finden. In dem Buch über Immigration und Kultur geht es um die Statistiken und die unterschiedliche Herkunft der Immigranten. Sie geht auf die Eigenheiten der Kolonisationsart, die soziale, ökonomische und institutionelle Organisation der Siedlungen ein, sowie den urbanen Kontext und die u.a. daraus entstandenen Veränderungen. Am Ende bezieht sie sich auf die Beschaffenheit der ethnischen Gruppen, die zwei-geteilte Identität des Deutschbrasilianers als Hintergrund zur brasilianischen Staatsangehörigkeit. Es muss hier eine Ausnahme gemacht und für diese Forscherin mehr als ein Werk genannt werden, in dem Falle einen Aufsatz, den sie als Professorin und Forscherin des sozialen anthropologischen Programms des nationalen Museums in Rio de Janeiro veröffentlichte: Giralda Seyferth: A Colonização Alemã no Brasil: Etnicidade e conflito, in: Boris Fausto (Hrsg.): Fazer a América. A Imigração em Massa para a América Latina. São Paulo ^{2}2000, S. 273-313. Dort analysiert sie die deutsche Kolonisation in Brasilien in Bezug auf Ethnizität und Konflikte, sie zeichnet die Anfänge auf, sowie die verschiedenen Phasen und Arten der Einwanderung und Kolonisation und das Leben der Deutschen und deren Nachfahren in Bezug auf die brasilianische Politik, auch wenn die Untertitel das nicht erahnen lassen. Beide Arbeiten waren von grundsätzlicher Bedeutung für einige Begriffserklärungen, die diese Arbeit vorangestellt wurden.

[19] Telmo Lauro Müller: Colônia alemã. 160 anos de história. Caxias do Sul 1984. Das Buch wurde durch die 160 jährige Geschichte der Stadt São Leopoldo – die 1824 gegründet wurde - angeregt. Der Autor, der sich mit der Geschichte der Region der Stadt São Leopoldo im heutigen Bundesland Rio Grande do Sul auseinandersetzt und wohin auch seine Vorfahren im 19. Jahrhundert auswanderten, ist nicht unvoreingenommen und bietet auch keine Literaturliste oder Details zu den Quellen, obwohl Fotos und

Auswanderung der Deutschen und ihr Leben in dem von ihnen ausgesuchten Land schrieb. Beide Autoren beziehen sich auf die eigene Erfahrung als Menschen, die in einer Region, die von deutschen Einwanderern kolonisiert wurde, aufgewachsen sind. Die Kenntnisse, die sie sich dadurch erworben haben, verleihen aber nur bedingt Autorität im wissenschaftlichen Bereich, und zwar nur dann, wenn die Aussagen auch nachprüfbar sind. Rene Ernaini Gerz[20] und Luís Edmundo de Souza Moraes[21] beschäftigen sich mit der politischen Lage, den politischen Auswirkungen der deutschen Einwanderung in Südbrasilien und vor allem in Blumenau, insbesondere in den 30er Jahren.

João Klug[22], Martin Norberto Dreher[23] und Hans-Jürgen Prien[24] haben ausführlich über die

---

Rezepte für ein Kochbuch u.a. ein wichtiger Bestandteil der Arbeit sind. Die Belege und die Angaben von Literatur irgendeiner Art erfolgen im eigenen Text und nicht als Liste. Außerdem begründet er seine Arbeit nicht wissenschaftlich. Auf S. 52 und 68 z.B. wird er sehr emotional. Er schildert Ereignisse auf lustiger und ironischer Weise, kann aber auch sehr penetrant sein. Siehe auch: Ders.: Sobrevoando nossa história, in: Ders. (Hrsg.): 175 anos de Imigração Alemã. Porto Alegre 2001. Es wurde durch die 175 jährige Geschichte der gleichen Stadt – São Leopoldo - veranlasst. Diesmal ist er nicht der einzige Autor, aber wieder zitiert er seine Quellen teilweise im Text und erstellt keine Quellenliste. Auf S. 106 will er Quellen angeben und doch gibt er eine einseitige Literaturliste wieder. Er beschreibt den Alltag der Kolonisten in einer einfachen Sprache. Der Stil ist teils poetisch, teils Laudatio-mäßig angehaucht und nicht immer sachlich. Beide Bücher wurden herausgegeben zu feierlichen Anlässen, also nicht direkt für ein wissenschaftliches Publikum, weswegen vielleicht Quellen- und Literaturangaben weniger Beachtung fanden.

[20] Rene Ernaini Gertz: Politische Auswirkungen der deutschen Einwanderung in Südbrasilien. Die Deutschstämmigen und die faschistischen Strömungen in den 30er Jahren. Phil. Diss. Pol. [masch.]. Berlin 1980. Es handelt sich um die Dissertation zur Erlangung des Grades eines Doktors der Philosophie im Fachbereich Politische Wissenschaft der Freien Universität Berlin. Die Dissertation beschreibt die politische Lage der deutschen Einwanderer und deren Nachfahren in Brasilien zur Zeit des Kaiserreiches, der Republik und der 30er Jahre, um dann die Auswirkungen des Nationalsozialismus und des „Integralismus" - einer politischen Strömung in Brasilien - zu betrachten.

[21] Luís Edmundo de Souza Moraes: Konflikt und Anerkennung: Die Ortsgruppen der NSDAP in Blumenau und in Rio de Janeiro. Berlin 2005. Der Autor analysiert die brasilianische Politik vom Anfang der Republik 1889 bis in die Jahre des zweiten Weltkrieges und die politische Lage in Deutschland. Außerdem macht er einen Exkurs über die Arbeit des Deutschtums in der Nachkriegszeit. Er untersucht die Ortsgruppen der NSDAP in Bezug auf das Deutschtum vor allem in Blumenau und Rio de Janeiro.

[22] João Klug: Imigração e Luteranismo em Santa Catarina. A comunidade Alemã de Desterro – Florianópolis. Florianópolis 1994. Klug ist Professor an der UFSC in Florianópolis, die Bundesuniversität des Bundeslandes SC. Sein Werk betrifft die Jahre zwischen 1868 und 1933 und beginnt mit einer historischen Einführung in die Einwanderung der Deutschen in SC. Er betrachtet die wichtigsten Regionen, in die Deutsche einwanderten, sein Hauptaugenmerk ist aber Florianópolis und dem bleibt er treu auch wenn er über die lutherischen Kirche des Bundeslandes schreibt. Als wissenschaftliches Werk verwundert es, dass der Autor ein so weitgreifendes Thema für eine so lange Zeit auswählte, in Brasilien ist das aber nicht unüblich. Leider betrachtete der Wissenschaftler nur das Material, das in vier brasilianischen Archiven vorhanden ist: in Blumenau, Florianópolis, Joinville und São Paulo. Es wurden keine deutschen Archive herangezogen, was nicht unbedingt fehlerhaft sein muss, was aber bedeutet, dass die Arbeit vor allem bei den kirchlichen Auseinandersetzungen sich nicht auf Quellen berufen kann, die nach Deutschland oder sogar in die USA geschickt worden sein könnten.

[23] Martin Norberto Dreher: Kirche und Deutschtum in der Entwicklung der Evangelischen Kirche Lutherischen Bekenntnisses in Brasilien. Göttingen 1978. Der Autor analysiert anhand von triftigen Quellen und Sekundärliteratur die Deutsche Einwanderung in Brasilien, sowie die Assimilation und Marginalisierung der Einwanderer. Er behandelt Brasilien in Bezug auf die Entstehung der Gemeinden, die Einstellung der Pastoren, die kirchlichen Vereine und Gesellschaften sowie die verschiedenen Einstellungen zur Erhaltung des Deutschtums in Brasilien. Außerdem betrachtet er den Kirchenkampf, der im Süden des Landes entstand und die Entwicklung der Beziehungen zwischen den deutschen Kirchenbehörden und den brasilianischen

evangelische Kirchenwerdung in Brasilien geforscht. Faulhaber war an erster Stelle ein Kirchenmann, insofern muss man die religiösen Bedingungen der Zeit kennen.

Es gibt einige Wissenschaftler, die sich mit dem Thema der Akkulturation und Assimilation der Einwanderer und deren Nachkommen beschäftigten. Es sei hier noch einmal auf Giralda Seyferth hingewiesen, außerdem machte sich Emilio Willems[25] in diesem Bereich einen Namen.

André Fabiano Voigt forschte zur Erlangung des Doktorgrades über die Erfindung des Deutschbrasilianers, um genauer zu sein, versuchte er, dem Konzept des Deutschbrasilianers nicht nur historisch nachzugehen, sondern es an sich zu überprüfen.[26]

Nicht zuletzt sind für diese Arbeit und für die Forschung im Allgemeinen auch wissenschaftliche Artikel, die in den verschiedensten Zeitschriften erschienen oder noch erscheinen und wissenschaftliche Veröffentlichungen[27] in verschiedenen Zeitschriften wie

---

Gemeinden und Synoden.

[24] Hans-Jürgen Prien: Evangelische Kirchenwerdung in Brasilien. Von den deutsch-evangelischen Einwanderergemeinden zur Evangelischen Kirche Lutherischen Bekenntnisses in Brasilien. Gütersloh 1989. Auch dieser Autor lässt sein Werk im 19. Jahrhundert mit dem sozio-ökonomischen, politischen und kulturellen Kontext Deutschlands und Brasiliens beginnen, sowie mit den Anfängen des deutschen evangelischen „Diaspora-Volkskirchentums" in Brasilien. Er betrachtet die regionale evangelische und lutherische Kirchwerdung in RS, SC, PR und einigen anderen Bundestaaten Brasiliens. Danach beschäftigt er sich mit der Zeit vom Ersten Weltkrieg bis hin zu den 30er Jahren und dem Zweiten Weltkrieg. Er schließt den Bogen mit der nationalen evangelisch-lutherischen Kirchwerdung in Brasilien nach dem letzten Weltkrieg bis zur Schaffung des Lateinamerikanischen Kirchenrates 1982. Die Forschung für die 640 Seiten dieses Buches fand in verschiedenen Archiven in verschiedenen Städten sowohl Brasiliens als auch Deutschlands statt.

[25] Emilio Willems: A Aculturação dos Alemães no Brasil: Estudo antropológico dos imigrantes alemães e seus descendentes no Brasil. Überarb. u. erw. São Paulo [2]1980. In diesem Werk setzte der Autor sich mit der Sozialisation, Assimilation, Akkommodation und Akkulturation der Deutschen auseinander. Er begann mit der regionalen Herkunft und Kultur der Immigranten. Er betrachtete die Aspekte der Kolonisation und die Charakteristik der deutschbrasilianischen Gesellschaft und Kultur, um dann bestimmte Aspekte in einer Untergliederung zu beleuchten.

[26] André Fabiano Voigt: A Invenção do Teuto-Brasileiro. Diss. His. Florianópolis 2008. Bei ihm findet man eine aktuelle Liste der wichtigsten Literatur zum Thema Deutschtum in Brasilien. Seine Schlussfolgerung kann ich nicht ohne weiteres akzeptieren, aber sein Konzept ist erwähnenswert, auch wenn es sich mit den Jahren zwischen 1940 und 2005 beschäftigt, denn er versucht es darzustellen, wie sich die Diskussion um den Begriff „Deutschbrasilianisch" im Laufe der Jahre entwickelte.

[27] Revista Espaço Plural. Jahr 9, Bd. 19. Marechal Cândido Rondon 2008. Herausgeber ist der *Núcleo de Pesquisa e Documentacao sobre o Oeste do Paraná*, der die *UNIOESTE* – Landesuniversität des westlichen PR – untergeordnet ist. Für diese Zeitschrift tragen nicht nur brasilianische Wissenschaftler bei, sondern für diese bestimmte Ausgabe auch Deutsche. Es sind überwiegend Professoren und Assistenten aus beiden Ländern, die sich des Phänomens der Auswanderung und ihrer Auswirkungen und Wahrnehmungen im diesseits und jenseits des Ozeans widmen. Die Themen kreisen um Deutschtum, Identität, Religion, Literatur, Immigration, Sprache und Begriffe. Dazu noch: Telmo Lauro Müller: Nacionalização e Imigração Alemã. X Simpósio de História da Imigração e Colonização Alemãs – São Leopoldo, set. de 1992. São Leopoldo 1994. Dort geht es im Allgemeinen um die Städte des südlichsten brasilianischen Bundeslandes RS, vor und während der brasilianischen Diktatur. Leider sind Quellen nicht immer zu finden, da viel von den eigenen Immigranten vernichtet wurde, um die polizeilichen Aktionen während der *nacionalização no Estado Novo*, also der Nationalisierungsprozess während der Ära Vargas zu entgehen. Oder sie wurden durch die Polizei beschlagnahmt, teilweise sogar vernichtet. Allgemein anerkannt ist heute die *Oral History*, aufgrund derer

z. B. in der *Revista Espaço Cultural* von Bedeutung. Ebenso Vorträge, die im Zusammenhang mit wissenschaftlichen Kolloquien und Symposien entstanden sind: exemplarisch zu nennen ist das *X. Simpósio de História da Imigração e Colonização Alemã*, ein Symposium über die Geschichte der Immigration und der deutschen Kolonisation, das im September 1992 in São Leopoldo stattfand. Ein anderes Beispiel ist auch das *III. Colóquio de Estudos Teuto-Brasileiros,* - was auch das letzte war - also ein Kolloquium über die Deutsch-Brasilianischen Studien. Durch diese Artikel gewinnt man einen Eindruck über den Verlauf der Forschung in Brasilien und was die Geschichte der deutschen Kolonisation in Brasilien betrifft.
Es gibt auch noch eine Liste von neueren Werken, die für diese Arbeit nicht wichtig sind, die aber einen Einblick in die neuen Erscheinungen über Blumenau geben.[28]

1.3. Begriffserklärungen

In dieser Arbeit erscheinen einige Begriffe, die ohne eine nähere Erklärung zu Missverständnissen führen könnten und daher eine nähere Erläuterung erforderlich machen.

1.3.1. Der Alldeutsche Verband – *Liga Pangermânica* – und die „Deutsche Gefahr"

Nach Seyferth war es eine deutsche Einrichtung, die in Brasilien – aufgrund ihrer Ideologie – dafür sorgte, dass die Angst der Brasilianer vor einer „Deutschen Gefahr" gesteigert wurde. Das Konzept von Lebensraum und Überlegenheit der „arischen" Rasse, sowie die Schwierigkeiten, Deutsche zur Assimilation zu bewegen und die verbreitete Meinung des Alldeutschen Verbandes, dass die im Ausland lebenden Deutschen Auslandsdeutsche waren, die nur zufällig Staatsangehörige anderer Staaten waren, bewog die Brasilianer dazu, die Mitglieder des Verbandes als rassistisch und expansionistisch anzusehen. Hinzu kommt, dass der Verband mit dem deutschen Imperialismus in Verbindung gebracht werden konnte und dass er alle Deutschen in der Welt vereinigen wollte - im Namen eines

sich teilweise bestimmte Vorgänge und Auswirkungen rekonstruieren lassen. Auch die *Colóquios de Estudos Teuto-Brasileiros* sind wichtig für die Forschung über die Kolonisatoren und ihre Nachkommen.

[28] Diese Liste – mit Kommentaren versehen – ist im Anhang 9.5. ersichtlich, ich habe sie aber nicht in der Literaturliste angeführt, da sie nur einen Überblick für denjenigen ermöglichen soll, der sich intensiver damit beschäftigen will. In der Arbeit werden sie aber überhaupt nicht in Anspruch genommen. Nicht zuletzt sei noch Elisiana Castro genannt: http://elisianacastro.wordpress.com/artigos-publicados/. Der Seite der Zeitung *Jornal de Santa Catarina* http://www.clicrbs.com.br/jsc/sc/impressa/4,186,3095362,15815 ist zu entnehmen, dass sie Mitglied der *Associação Brasileira de Estudos Cemiteriais* ist und schon mehr als 100 Friedhöfe besuchte. Ich führe sie hier an, um diesen in Brasilien noch als recht ungewöhnlich angesehenen Teil des Kulturerbes in die Forschung mit einzubeziehen.

rassischen und nationalen Bandes.[29]

Luebke schreibt über den Verband:

> In its widely distributed publications, this organization emphasized the cultural kinship of Germans all over the world and agitated vociferously for a colonial empire, for an enlarged navy, for war as an instrument of national policy, and for the preservation of German language and culture in German settlements overseas.[30]

Dies trug dazu bei, dass in Brasilien die Idee einer „Deutschen Gefahr“ verstärkt wurde. Diese Schriften und Absichten klangen aggressiv und wollten genau das Gegenteil von dem erzielen, was die Brasilianer im Laufe der Jahre aus ihren Gefühlen für Nationalität und Patriotismus noch entwickeln würden.

> La leyenda del «peligro alemán», que había circulado en el país casi desde la llegada de los primeros emigrantes, y que fue periódicamente aireada por la prensa brasileña, alcanzaría una virulencia inusitada en 1899, cuando la política exterior de Guillermo II propiciaba las acusaciones internacionales de su pretendido imperialismo. Los rumores de que Berlín deseaba crear en Brasil un Estado alemán y de que la construcción de su flota formaría parte de este plan, tuvieron que ser desmentidos una y otra vez.[31]

Die Legende der „Deutschen Gefahr“ war demnach schon sehr lange präsent im alltäglichen Leben, sowohl der Deutschen als auch der Brasilianer. Die von Wilhelm II. getriebene Politik schürte die Ängste der Brasilianer vor den Deutschen und Deutschstämmigen nur noch mehr.

Senna führte „die ungerechte Legende oder das Märchen von der ‚Deutschen Gefahr‘ in Süd-Brasilien“ auf die Zahl der niedergelassenen Deutschen in Brasilien - 400.000 von den insgesamt sechs Millionen Ausgewanderten – zurück, da nur die Vereinigten Staaten, Russland und Frankreich noch mehr Deutsche aufgenommen haben sollen.[32]

Meiner Meinung nach ist es weniger der Zahl der deutschen Einwanderer zuzuschreiben, sondern vielmehr der internationalen Presse und der brasilianischen Politik und Einstellung gegenüber Ausländern zu verdanken.

1.3.2. Deutsch - Deutscher

Deutsch oder Deutscher ist hier als ein erweiterter Begriff, der nicht mit der deutschen

[29] Seyferth: A Colonização Alemã no Brasil, hier: S. 300-303.

[30] Frederick Luebke: Germans in the New World. Essays in the history of immigration. Urbana and Chicago 1990, S. 117.

[31] Ingrid Schulze Schneider: Alemania y América. La llamada del Nuevo Mundo: 500 años de presencia alemana en América. Madrid 1995, S. 151.

[32] Nelson de Senna: Was Brasilien der deutschen Kultur und Mitarbeit verdankt, in: Franz Termer (Hrsg.): Die Bedeutung deutscher Kultur und deutscher Arbeit in Brasilien von Professor Dr. Nelson de Senna in Bello Horizonte. Übers. von E. A. Scheibe. Würzburg 1933, S. 25-51, hier: S. 43.

Staatsbürgerschaft gleichgesetzt werden kann, zu begreifen, weil die Auswanderung zudem vor der Reichsgründung 1871 begann und es somit in diesem Sinne noch keinen deutschen Staat gab.

Fouquet meint, dass im 19. Jahrhundert deutsch nur bedingt ein politischer Begriff war, sondern vielmehr eine auf mehrere Staaten – aus der Mitte, dem Südosten und Osten Europas - verteilte Sprach- und Kulturgemeinschaft mit Eigenheiten, die regional und je nach Volksstamm bedingt waren. Es waren also Menschen, die aufgrund ihrer Sprache von den Brasilianern oder Einwanderern anderer Ethnien als Deutsche – rein begrifflich ohne politischen Inhalt - wahrgenommen wurden. Im 20. Jahrhundert dann wechselte die Staatsangehörigkeit der Einwanderer ständig aufgrund der Verschiebungen der Grenzen.[33]

Daraus schließe ich, dass nicht jeder vollumfänglich über seine neue Staatsangehörigkeit informiert wurde oder dies vielleicht nicht ohne Einwände akzeptierte und daher teilweise sogar versuchte, diese Information bei der Ankunft in Brasilien zu unterbinden. Außerdem war in Bezug auf die Sprache Deutsch nicht gleich Deutsch, wenn man die verschiedenen Dialekte bedenkt, die vorherrschten bevor es ein einheitliches Hochdeutsch gab.

Auch Luebke meint, dass eine deutsche Herkunft sehr ungenau war, denn es wanderten Deutschsprachige aus Österreich, Ungarn, Russland, Rumänien, Jugoslawien, der Schweiz und Frankreich in den amerikanischen Kontinent ein. Außerdem seien die Sprache und die Kultur in diesem Falle wichtiger als die Nationalität.[34]

Auch Fröschle ist der Meinung, dass der Begriff Deutsch nach Sprache, Kultur und Herkunft definiert werden muss, nicht nach Staatsangehörigkeit.[35]

Deutsch kann also im Falle der Einwanderung in Brasilien sprachlich, kulturell, ethnisch, geographisch oder nationalistisch definiert werden.

1.3.3. Deutschtum – Deutschbrasilianertum

Seyferth[36] sieht den Anfang eines deutschbrasilianischen Bewusstseins und eines Gruppenzugehörigkeitsgefühls, das auf dem Deutschsein beruhte, darin, dass die deutschen

[33] Fouquet: Einwanderer und Nachkommen 1974, S. 65-67. Er begann seine Erklärung des Begriffes indem er das 13. Jahrhundert als Zeitraum festlegte, in dem die politische Einheit des deutschen Volkes verloren ging. Diese Ansicht würde sich heute nicht halten, aufgrund des Umfanges dieser Arbeit kann dies nicht weiter ausgeführt werden, ich lehne mich trotzdem teilweise an seine weitere Ausführung an. Er meinte, die Behörden klassifizierten die Einwanderer nach ihrer Staatsangehörigkeit. Diese Aussage hält sich nicht, denn man kann heute nicht mehr wissen, ob die Angaben der Einwanderer stimmten. Auch die Antragsformulare für die Zulassung änderten sich im Laufe der Zeit, die Frage nach Volkszugehörigkeit oder Ethnie tauchte selten auf.

[34] Luebke: Germans in the New World, S. XIII.

[35] Fröschle: Einst und jetzt, S. 3: Im Vorwort.

[36] Seyferth: A Colonização Alemã no Brasil, hier: S. 299-301.

Immigranten nach der gescheiterten Revolution von 1848 mit diesem politischen und intellektuellen Hintergrund nach Brasilien kamen. Dies war der Fall bei Karl von Koseritz – dem Deutschen mit dem größten politischen Einfluss in Porto Alegre – dessen Ideen als Synthese des Deutschtums angesehen werden können: also politische Integration und Recht auf Einbürgerung in Brasilien, Treue zum neuen Vaterland und die Wichtigkeit des Beitrages der deutschen Arbeit zur Entwicklung Brasiliens, aber gleichzeitig die Zugehörigkeit zur deutschen Ethnie. Das Deutschtum oder das Deutschbrasilianertum beinhaltete die Idee der deutschen Überlegenheit gegenüber den Brasilianern durch den ökonomischen, politischen und kulturellen Beitrag der Deutschen in Brasilien und das gleichzeitige Zugehörigkeitsgefühl zur deutschen Nation – mit dem Vermerk, dass Seyferth den Begriff für eine Zeit verwendet, bevor Deutschland eine einheitliche Nation wurde. Eine glorifizierende Rolle in einem ethnozentrischen Konzept, in dem Fortschritt und Zivilisation mit dem Deutschsein – als Rasse, Sprache, Kultur und Geist, also *ius sanguinis* - in Brasilien einhergehen. Das Deutschbrasilianertum identifizierte sich mit der deutschen Herkunft – *ius sanguinis* – und mit der brasilianischen Staatsangehörigkeit – durch Naturalisierung oder durch den *ius soli*.

Voigt beginnt einen wertvollen Diskurs über den Begriff des Deutschbrasilianers, indem er erklärt, es sei eine Bezeichnung für die Nachkommen der deutschen Immigranten, die ab dem 19. Jahrhundert – vor allem die für sie vorgesehenen – Südstaaten kolonisierten. Irgendwann wurde es zur „Bewahrung des Blutbandes und der kulturellen Spuren, die von den Immigranten mitgebracht und Generationen hindurch erhalten worden waren – was sogar als Drohung für die nationale Einheit Brasiliens angesehen wurde.“ Nach dem Krieg wurde es von der Forderung nach der deutschen Staatsangehörigkeit losgelöst und eher mit den Merkmalen, die für einen Beitrag für die Entwicklung des Landes stehen, in Verbindung gebracht.[37]

Auch Gertz betont, dass der Begriff dazu diene, in erster Linie die deutschen Einwanderer und deren Nachkommen zu definieren, aber dass es auch um eine Ideologie und eine Verteidigung des Deutschseins dieser Bevölkerung geht. Es kann auch beides gleichzeitig bedeuten. Er schreibt, dass es schwierig ist auszumachen, wann diese Ideologie entstand, versucht es aber an das Interesse Deutschlands für die Ausgewanderten ab 1875

[37] Voigt: A Invenção do Teuto-Brasileiro, S. 11. Dennoch kann ich mich seiner Gesamtschlussfolgerung nicht anschließen. Die Gründe dafür können hier nicht angeführt werden, denn das würde vom Thema abweichen. Der oben angegebenen Darstellung stimme ich jedoch zu.

festzumachen.[38]

Interessant ist auch eine Anmerkung von Meyer, die meint, dass ein großer Teil von dem, was unter deutscher Kultur und Geist verstanden wurde, nach dem Zweiten Weltkrieg dem Begriff der Ethnie zugeschrieben wurde. [39]

1.3.4. Kolonie - Kolonisation

Während einige europäische Mächte bereits ab dem 16. Jahrhundert begannen, sich dem Land in Übersee zu bemächtigen und sie in Kolonien umzugestalten, traten die deutschen Länder aus den verschiedensten Gründen nicht als Kolonialmacht in Erscheinung. Brasilien war eine Kolonie Portugals im gebräuchlichen Sinne.

Daneben gibt es noch einen erweiterten Begriff für Kolonie, nämlich den der „deutschen Kolonien", die in überseeischen Siedlungen von ausgewanderten Deutschen gegründeten wurden. Der Begriff hat in Brasilien eine historische Tradition, es bezeichnet zum einen die ganze ländliche Region, die kolonisiert wurde, zum anderen das Stück Land, das der Einwanderer bekam, um es mit der ganzen Familie zu bewirtschaften – durch Anbau verschiedener Pflanzenarten und Viehzucht, um von dem Ertrag und den daraus hausgemachten Produkten zu leben. Die Eigentümer dieses Stück Landes bezeichneten sich selbst als *colonos*, also Kolonisten, um ihre *conditio* als ländliche Arbeiter, die Haushalt und Betrieb gleichzeitig war – zur Schau zu stellen. Auch wenn sie als unabhängig galten, waren sie teilweise vom Handel abhängig.[40]

In São Paulo – auch als SP bezeichnet –, anders als im Süden, konnte es auch noch eine andere Bedeutung haben: Kolonie als „eine Gruppe von Leuten gleicher Herkunft, die zusammen in einer ethnischen Gemeinde leben und agieren."[41]

Nicht zu vergessen, dass es auch noch mehrere Arten von Kolonien – hier im Sinne von Unternehmen – gab. In Rio Grande do Sul – auch als RS bezeichnet – wurde die Kolonisation seitens der Regierung tatkräftig unterstützt. In SC gab es Beispiele für die

---

[38] Rene Ernaini Gertz: O Perigo alemão. Porto Alegre 1991. S. 32: In diesem Werk analysiert der Forscher die politischen Zitaten von Autoren, Gelehrten, Intellektuellen und Journalisten vom 18. Jahrhundert bis in den 1940er Jahren und stellt noch ein Ausblick bis in den 1970er Jahren dar. Das Thema der Analyse ist das Deutschtum und die „Brasilianität" in der brasilianischen Politik, in der Ideologie einer „Deutschen Gefahr" und in dem Nationalsozialismus in RS und die daraus entstandenen Konflikte.

[39] Dagmar Estermann Meyer: Cultura Teuto-Brasileiro-Evangélica no Rio Grande do Sul: "Conteúdos" e "Movimentos" da Articulação de Gênero com Raça, Classe, Nação e Religião. Online: http://www.desafio.ufba.br/ gt4.html S. 3: nach der ausgedruckten Version.

[40] Seyferth: A Colonização Alemã no Brasil, hier: S. 289. Teilweise übernahm die Autorin einen Text, der schon vorher von ihr verfasst worden war. Die Schöpfer der Idee der Kolonisation irrten, als sie dachten die Einwanderer würden dazu neue Techniken mitbringen.

[41] Dies.: Imigração e cultura, S. 66.

Unternehmen von Kolonisationsgesellschaften wie die Kolonie Hansa oder die privaten Unternehmen wie im Falle der Kolonie Blumenau. Es gab aber auch Mischungen beider Arten.

Die deutschen und italienischen Immigranten in RS, SC und Espírito Santo – auch als ES bezeichnet – bekamen Land in den unbewohnten Flusstälern – um den Urwald zu besiedeln – von der Regierung oder von den Kolonisationsgesellschaften – je nach Erscheinungsform der Kolonie – finanziert.[42]

In den 1840er Jahren gab die Landesregierung die Verantwortung bezüglich der Kolonisation an die jeweiligen Provinzen weiter. Außerdem wurde es möglich, private Kolonien zu gründen.[43]

Prien unterteilte die deutschen Kolonien in ganz Brasilien in fünf Erscheinungsformen: Kaiserliche Kolonien, Provinzkolonien, Kolonien von Kolonisationsgesellschaften, private Kolonien – also durch Privatinitiative entstanden –, und *Parceria*-Kolonien – also mit Pachtverträgen. [44]

Allerdings darf der Begriff deutsche Kolonie nicht zu Irrtümern verleiten, denn es bedeutete nicht immer eine homogene Herkunftsgruppe von Leuten. Die Regierung hatte ab einem bestimmten Zeitpunkt gemischte Kolonien im Sinne, um ethnisch homogene Gruppen zu vermeiden.[45]

Welche Art von Kolonie im Laufe der Arbeit behandelt oder angesprochen wird, wird dort der Inhalt des Textes näher erklären.

Der Begriff wirkte so prägend, dass noch heute jährlich der *dia do colono*, also der „Kolonistentag“, gefeiert wird und zwar mit Gottesdiensten an dem dem 25. Juli nächsten Sonntag, dem Tag an dem Deutsche die erste erfolgreiche Kolonie, São Leopoldo, gründeten. Ein Beispiel dafür ist der jährliche evangelische Gottesdienst der Kirche Gustavo Adolfo in Vila Itoupava, ein Distrikt 25 Kilometer entfernt vom Zentrum der Stadt Blumenau. In den abgelegendsten Gegenden des Ortes hört man heute noch die Bezeichnung *colonos*, also Kolonisten, für Leute, die Inhaber von Grundstücken sind, auf einem kleinen Stück Land leben, es bestellen und daraus teilweise noch heute ihren Lebensunterhalt verdienen.

---

[42] Ibid., S. 14.
[43] Dies.: A Colonização Alemã no Brasil, hier: S. 279.
[44] Prien: Evangelische Kirchenwerdung, S. 41-46.
[45] Seyferth: A Colonização Alemã no Brasil, hier: S. 284: So wanderten in den Tal des Itajaí in SC und in Ijuí in RS z.B. auch Leute unterschiedlicher Nationalität ein.

1.3.5. *Estado Novo*

Der *Estado Novo* entstand durch den Staatsstreich Getulio Vargas‘ in November 1937. In den folgenden sieben Jahren sollte Vargas als Diktator außerhalb jedes verfassungsmäßigen Rahmens regieren, obwohl er angekündigt hatte, eine stark zentralistische und autoritäre Verfassung in einem Plebiszit vorlegen zu wollen.[46]

> Der *Estado Novo* stellte nicht so sehr den Versuch dar, einen faschistischen Staat zu organisieren, als [sic - vielmehr] das Bemühen, in Brasilien endlich einen zentralen Staat zu schaffen, imstande [sic - der im Stande war], die Funktionen zu erfüllen, die man im 20. Jahrhundert von einem solchen Staat erwarten konnte.[47]

1.3.6. Nationalisierung - Nativismus

Die Nationalisierung wurde schon sehr früh betrieben, aber erst durch den *Estado Novo* intensiviert.

Nach Seyferth konnte der *Estado Novo* die Kampagne für die Nationalisierung dadurch legitimieren, dass alle Deutschstämmigen in Brasilien als Anhänger des Nationalsozialismus ausgegeben wurden, egal ob sie zur Partei gehörten und der Ideologie folgten oder nicht. Alle Immigranten sollten zwangsassimiliert werden. Alle Immigrantengruppen wurden von den Nationalisierungsmethoden betroffen – auch wenn ein Teil der betroffenen Bevölkerung politisch und ökonomisch schon integriert war und sowohl Deutsch als auch Portugiesisch beherrschte – aber die Aktivitäten der Nationalsozialisten im Zweiten Weltkrieg sowie der Eintritt Brasiliens in den Krieg 1943 verschärfte die Lage gegen Deutsche, Japaner und deren Nachkommen. Die Autorin behauptet, die Nationalisierungskampagne war der Epilog einer Immigration und Kolonisation, die aufgrund der ethnischen Zugehörigkeit zur deutschen Nation problematisch war. Meiner Meinung nach ist dies nicht als Epilog zu bewerten, da die Betroffenen während und nach der Kampagne, teilweise bis heute, mit den Konsequenzen leben müssen.[48]

Gertz arbeitete drei Gründe für die Nationalisierungspolitik heraus: die Idee des Nationalismus – auch Nativismus genannt, der auf der kolonialen Basis beruhte –, die anti-liberale Ideologie des Staates und die materielle Notwendigkeit, einen modernen Staat zu

---

[46] Tulio Halperin Donghi: Geschichte Lateinamerikas von der Unabhängigkeit bis zur Gegenwart. Übers. von Elke Wehr. Frankfurt am Main 1991, S. 464.

[47] Ibid., S. 464. Hervorhebung im Original.

[48] Seyferth: A Colonização Alemã no Brasil, hier: S. 306-311.

vereinigen und zu homogenisieren.[49]

Holanda führte den Nativismus als Grund für das Ende der Arbeit des Major Schaeffer im Jahr 1828, der Kolonisten und Soldaten anwarb, an. Dies stellte er als auslandsfeindlich dar, weil am 15. Dezember 1830 ein Gesetz in Kraft trat, das der Regierung verbot, Geld für die Kolonisation durch ausländische Immigranten auszugeben.[50]

Auch Rabuske meint, dass eine erste Nationalisierung 1917 und eine zweite – die bekannteste – die vor und während des Zweiten Weltkrieges einsetzte, von der brasilianischen Regierung angeordnet worden waren. Es gab zwischen beiden einen wichtigen Unterschied: in der ersten Phase waren die Deutschbrasilianer davon betroffen, in der zweiten alle Ethnien, die zur Achse – also zu den Ländern, die auf Deutschlands Seite im Krieg kämpften - gehörten.[51]

1.3.7. Naturalisierung

1883 betont Zöller die Bedeutung der Naturalisierung für die Einwanderer,[52] die nach der Proklamation der Republik am 15. November 1889 erfolgte. Es gab zur gleichen Zeit die Möglichkeit zur Naturalisierung und die Mehrheit der Immigranten ließ sich naturalisieren, d.h. als brasilianische Staatsangehörige einbürgern.[53]

Allen Personen, die am 15. November 1889 in Brasilien ansässig waren, wurden volle Staatsbürgerrechte gewährt, wenn sie dagegen keinen Einspruch erhoben. Dieses Ereignis wird auch die „Große Einbürgerung" genannt. Es ist allerdings stark zu bezweifeln, dass die Einwanderer davon überhaupt in Kenntnis gesetzt wurden – man muss nur an die riesigen Distanzen und Kommunikationsprobleme denken –, und wenn ja, ob sie die Chance gehabt hätten, in die Städte zu reisen um Einspruch einzulegen.

Die Probleme erledigten sich allerdings nicht mit der Einbürgerung oder mit ihrer Verweigerung.

Seitdem die amerikanischen Länder die politische Unabhängigkeit erreichten, gab es Schwierigkeiten mit den europäischen Völkern aufgrund der Auffassungen von dem *ius soli* und dem *ius sanguini*. Es sollte zu einem kulturellen Konflikt werden: auf der einen

---

[49] Gertz: Cidadania e Nacionalidade, S. 23.

[50] Sérgio Buarque de Holanda (Hrsg.): História Geral da Civilização Brasileira. Tomo II O Brasil Monárquico. 3.□ Volume Reações e Transações. São Paulo 1967. S. 229.

[51] Arthur Rabuske: A Nacionalização e a Igreja Católica, in: Telmo Lauro Müller (Hrsg.): Nacionalização e Imigração Alemã. X Simpósio de História da Imigração e Colonização Alemãs – São Leopoldo, set. de 1992. São Leopoldo 1994, S. 157-188, hier: S. 157.

[52] Hugo Zöller: Die Deutschen im Brasilianischen Urwald. Bd. 2, S. 106.

[53] Méri Frotscher: Identidades Móveis: Práticas e discursos das elites de Blumenau (1929–1950). Blumenau 2007, S. 30.

Seite versteht sich jemand, obwohl er in Brasilien geboren wurde, nicht als Brasilianer und wird trotz Staatsbürgerschaft deswegen verachtet, auf der anderen Seite wird von jemandem, der nicht in Brasilien geboren wurde, eine Assimilation gefordert, obwohl die Idee besteht, dass er gar nicht Brasilianer sein oder werden kann.[54]

1.3.8. Pastor und Pfarrer

In dem Kontext dieser Arbeit ist die Unterscheidung zwischen Pastor und Pfarrer nicht von Bedeutung, da für dieselbe Person beide Bezeichnungen als gleichbedeutend verwendet werden – denn beide Begriffe wurden auch in den Quellen vorgefunden.

2. Die Auswanderung aus Europa

Um die gesamte Lage der Auswanderung in den Blick zu bekommen, werde ich auf die sogenannten abstoßenden Faktoren eingehen, die die Leute zur Auswanderung bewogen.

2.1. Gründe für die Auswanderung der Deutschen

Marschalcks Meinung nach wanderten die Leute aus verschiedenen Gründen aus: Religiöse Beweggründe waren im 19. Jahrhundert nur noch ein Überbleibsel aus früheren Zeiten, doch auch politische Flüchtlinge gab es immer wieder, hervorgerufen u.a. durch „die Karlsbader Beschlüsse 1819, die Revolutionen von 1830 und 1848 und die Aufstände in Baden und in der Pfalz im Sommer 1849“; genauso gab es Leute, die allein deswegen auswanderten, weil sie erwarteten, im neuen Land wirtschaftlich erfolgreicher zu sein, was auf eine neue Form der Wanderung hindeutete. Diese drei Arten von Auswanderungen hatten keine große Bedeutung. Die große Masse – 5,5 Millionen – wanderte aus sozialen Motiven aus.[55]

Marschalck führt eine Reihe von Motiven für die Auswanderung an: Missernten, Hungersnöte, Teuerungen, gescheiterte Revolutionen, erlittene Kriege, Militärdienst, Entlastung der Armenkasse, nicht eingehaltene Verfassungsversprechen, Überbevölkerung durch einen Rückgang der Sterblichkeit, soziale Veränderungen durch die Bauernbefreiung und die Einführung der Gewerbefreiheit und andere Faktoren wie z.B. das

---

[54] Willems: A Aculturação dos Alemães, S. 385. Siehe zu Willems auch: João Baptista Borges Pereira: Emílio Willems e Egon Schaden na história da Antropologia, in: Estudos Avançados. 8/22 (1994), S. 249-253, hier: S. 249 und 251; sowie Voigt: A Invenção do Teuto-Brasileiro, S. 71: Emilio Willems hat eine interessante akademische Karriere im Fach Anthropologie an der USP, eine Universität in SP, gemacht. Egon Schaden wurde sein erster Assistent.

[55] Peter Marschalck: Deutsche Überseewanderung im 19. Jahrhundert. Ein Beitrag zur soziologischen Theorie der Bevölkerung. Stuttgart 1973, S. 56-59 und 71: „Nur die politischen und sozialen Auswanderer gehörten ganz dem behandelten Zeitraum an.“

Realteilungserbrecht – die gleichmäßige Verteilung des ererbten Bodens unter den Erben nach dem Tode des Stellenbesitzers - in bestimmten Regionen.[56]

Auch Görisch gibt verschiedene Gründe für die Auswanderung der Deutschen an: die wachsende Bevölkerung, Missernten wie die von 1816/17 und 1845/47, Steuern und die Umstrukturierung der Produktionsverhältnisse: „der beginnende Zerfall der mittelalterlichen Gilden- und Zunftstrukturen, die Produktion und Absatz streng geregelt hatten, sowie der Abbruch nationaler Handelsbarrieren" und der einsetzende freie Wettbewerb.[57] Görisch beruft sich dabei auf Männer wie den hessischen Staatsmann Hans Christoph von Gagern, der die Auswanderung schon um 1800 „als Ventil zum Abbau der wachsenden sozialen Spannungen" sah. Schon die nationalistischen Stimmen sahen in der Auswanderung die Gelegenheit, deutsche Kultur ins Ausland zu tragen und der heimischen Wirtschaft Märkte und Rohstoffquellen zu erschließen, wovon auch das Transportgewerbe profitieren sollte.[58]

Luebke betont, dass die Auswanderer meist der niedrigen und mittleren Schicht der Gesellschaft angehörten, die in der neuen Welt ein besseres Leben suchten. Sie ist der Ansicht, dass dabei politische und religiöse Probleme keine so wichtige Rolle spielten, wie manchmal behauptet wird. Sowohl die Einwanderer in die USA als auch nach Brasilien waren u.a. ungelernte Arbeiter, Bauern, Handwerker und Kleinhändler[59].

Aber die bestehenden Unterschiede unter den Einwanderern seien von der lokalen Gesellschaft in den USA und Brasilien nicht wahrgenommen worden:

> Thus important distinctions within the German immigrant society with respect to place of origin, variations in regional speech or dialect, religious divisions, and social and political differences were lost on both Anglo-Americans and Luso-Brazilians, who tended to lump them all together on the basis of their presumably common language.[60]

Auch wenn diese Heterogenität von der lokalen Gesellschaft nicht wahrgenommen wurde,

---

[56] Ibid., S. 54f. und 60f.: Siehe dort die Werke, auf die er sich beruft. Siehe auch: Holanda: História Geral da Civilização Brasileira. Tomo II O Brasil Monárquico. 3.□ Volume Reações e Transações. São Paulo 1967, S. 224. Zum Rückgang der Sterblichkeit siehe: Frank Thistlethwaite: Europäische Überseewanderung im 19. und 20. Jahrhundert, in: Wolfgang Köllmann und Peter Marschalck (Hrsg.): Bevölkerungsgeschichte. Köln 1972, S. 323-355, hier: S. 343: „Es sieht jedoch so aus, als ob ein Rückgang der Sterbeziffer ohne eine kompensierende Reduktion der Geborenenziffer zu einer Steigerung der natürlichen Zuwachsrate führte, wobei der Prozeß in Nordwesteuropa einsetzte und sich in dem Maße nach Osten und Süden bewegte, wie die Gemeinden von Fortschritt in der Medizin und Ernährung beeinflußt wurden." Die ländliche Bevölkerung, an den Rand der Existenz gedrängt, war bereit auszuwandern.

[57] Stephan Görisch: Information zwischen Werbung und Warnung. Die Rolle der Amerikaliteratur in der Auswanderung des 18. und 19. Jahrhunderts. Darmstadt und Marburg 1991, S. 87.

[58] Ibid., S. 34.

[59] Luebke: Germans in the New World, S. 97.

[60] Ibid., S. 99.

existierte diese dennoch. Die Einheimischen sahen diese nur nicht so deutlich wie die davon Betroffenen selbst.

Hier sei nur auf die Phasen der Auswanderung, die durch die unterschiedlichen Formen der Auswanderung – sprich Unterschiede bezüglich Klassenzugehörigkeit, geographische Herkunft und Einzel- oder Familienauswanderung – gekennzeichnet wurden, hingewiesen. Zwischen 1815 und 1865 wanderten selbständige Bauern- und Handwerkerfamilien aus dem süd- und westdeutschen Raum aus; im Zeitraum zwischen 1865 und 1895 wanderte vor allem die unterbäuerliche und unterbürgerliche Schicht aus Norddeutschland und Nordostdeutschland aus – neben der Familienauswanderung begann die Einzelauswanderung. Zwischen den Jahren 1895 und 1914 nahm die Zahl der Einzelauswanderer aus der Industriearbeiterschaft zu, während die Auswanderung insgesamt an Bedeutung verlor.[61]

2.2 Probleme bei der Auswanderung

Diese Arbeit umfasst nicht die Probleme, die mit dem Anfang der Reise in Deutschland in Zusammenhang standen, wie z.B. das Verkaufen des Landes, des Besitzes oder der Habe, die Entscheidung, über welchen Hafen ausgewandert wurde und wie die Auswanderer vom Heimatdorf bis zur Hafenstadt reisten, welche Auswanderungsinformationsschriften in Anspruch genommen wurden, um sich zu informieren, oder ob überhaupt solche vorhanden waren. Es werden auch nicht die Agenten, Makler, Agenturen, Vereine und Hilfsorganisationen, die dadurch entstanden, besprochen. Ebenso bleiben die Probleme, die es gab wenn es darum ging, welchen Auswandererverein die Leute aufsuchten, oder wie diese Vereine entstanden oder zu welchen Zwecken, außen vor, genauso wie die Fragen, wie die Leute zu genügend Geld kamen, um diese Reise zu bezahlen, wie sie die dazu nötigen Dokumente und Pässe beschafften, oder wie sie sich für ein bestimmtes Land entschieden. Nicht zu vergessen die Gefahren während der Reise, die ungefähr neun Wochen dauerte, aber in schlimmen Fällen auch zwei Jahre dauern konnte, oder die nicht eingehaltenen Versprechungen der Agenten und die Furcht der Leute vor den tropischen Krankheiten. Letztendlich zähle ich hier nur einige Schwierigkeiten auf, um deutlich zu machen, dass der Entschluss zur Auswanderung meistens nicht so einfach war, wenn man die Probleme betrachtet, die dadurch entstehen konnten und damit verbunden waren. Ich gehe hier auf die Schwierigkeiten auf politischer und gesetzlicher Ebene ein.

[61] Marschalck: Deutsche Überseewanderung, S. 12.

Denn wie Görisch behauptet, entstammte die Beschränkung der Freizügigkeit dem Leibeigenschaftsrecht des Mittelalters. Die ansteigenden Emigrantenzahlen aber zeugen davon, dass „die Strafandrohungen der alten Landesgesetze gegen Auswanderer offensichtlich wirkungslos blieben."[62] Nach Brunn wurde die Freiheit zur Auswanderung mit den Pariser Verträgen von 1814 und 1815 geschaffen.[63] Die preußische Bürokratie betrachtete das Überschreiten der Landesgrenzen als die endgültige Loslösung vom Staat.[64] Doch sollte die Lage in Brasilien die Gesetze in Deutschland verändern. Die Halbpachtverträge in SP waren dafür verantwortlich, denn im restlichen Brasilien gab es derartige Probleme nicht.

Moltmann zufolge warnte der preußische Zentralverein für Auswanderung in Berlin vor den unglücklichen Folgen von Halbpachtverträgen.[65]

> Das *parceria*-System stellte nicht nur ein Migrationssystem dar, sondern war vor allem eine spezifische Form der Ernteteilung zwischen Pachtarbeitern (*parceiros*) und den Großgrundbesitzern (*fazendeiros*). Die strittigen Elemente waren die zeitliche Unbegrenztheit der Verträge und die variierenden, erst gut ein Jahr nach der Ernte bekannt werdenden Anteile der Arbeiter, weswegen die Arbeitsbedingungen willkürlich und dehnbar wurden. Die Abwälzung der Kosten der Einwanderung auf die *parceiros* war wahrscheinlich der auslösende Faktor für die Arbeitsunruhen und den vorzeitigen Niedergang des Systems.[66]

Alves bezieht sich auf verschiedene Autoren, wenn sie betont, dass wenn man über die *colônias de parceria* spricht, immer die des Senator Vergueiro in Ibicaba SP gemeint ist,

---

[62] Görisch: Information zwischen Werbung und Warnung, S. 58f.

[63] Marschalck: Deutsche Überseewanderung, S. 14.

[64] Gerhard Brunn: Deutschland und Brasilien (1889-1914). Köln und Wien 1971, S. 127.

[65] B. H. Moltmann: Deutsche Siedelung in Süd-Brasilien. Ein erfolgreiches Jahrhundert deutscher überseeischer Siedelungsarbeit. S.l. [1918]. S. 17f.: „Ein offener Brief des Geheimen Regierungsrates Kunst in der Ostseezeitung bewog den Preußischen Handelsminister v. d. Heydt zum Einschreiten. Er regte Anfang 1858 bei dem Minister des Innern an, die Zulassung zur Überfahrt nach Brasilien zu verweigern und die Agenturen, die sich mit der Vermittlung der Auswanderung dorthin befaßten, zurückzunehmen. Der Minister des Innern forderte ein Gutachten des Zentralvereins, der die beabsichtige Maßregel billigte, wenn er sich auch keinen großen Erfolg versprach. Auch der preußische Geschäftsträger in Rio de Janeiro stimmte der in Aussicht genommenen Anordnung bei; nachdem dann auch der Minister des Äußern sich einverstanden erklärt hatte, schloß der Erlaß vom 3. November 1859 die fast zweijährigen Verhandlungen ab." Dazu auch: Hartmut Bickelmann: Auswanderungsvereine, Auswandererverkehr und Auswandererfürsorge in Deutschland 1815-1930, in: Agnes Bretting und ders. (Hrsg.): Auswanderungsagenturen und Auswanderungsvereine im 19. und 20. Jahrhundert. Stuttgart 1991, S. 91-262, hier: S. 192: nach den Jahresberichten des Frankfurter Vereins zum Schutze der Auswanderer: „Bei Brasilien wurde das Halbpachtsystem verurteilt, die geringe rechtliche Absicherung der Siedler kritisiert und auf die besonderen Schwierigkeiten hingewiesen, denen Auswanderer protestantischer Konfession dort ausgesetzt waren. Eine etwas günstigere Darstellung fanden allerdings die in Südbrasilien bereits existierenden deutschen Siedlungskolonien."

[66] Reinhardt Wagner: Deutsche als Ersatz für Sklaven: Arbeitsmigranten aus Deutschland in der brasilianischen Provinz São Paulo 1847-1914. Frankfurt am Main 1995. S. 156: Hervorhebungen im Original. Siehe auch: Brunn: Deutschland und Brasilien, S. 129: Hinzu kam noch, dass es „Gegensätze zwischen der kaiserlichen Regierung, die sich um Kolonisation bemühte, und den Pflanzern [gab], die nur an Arbeitskräften für ihre Plantagen interessiert waren."

auf der ab 1850 Schweizer und Deutsche lebten. Sie zitiert aber auch das Werk des Schulmeisters Thomas Davatz, der das System anprangerte. Ende 1856 und Anfang 1857 soll es zum Aufstand gekommen sein und das Thema wurde durch das Werk von Davatz in Europa bekannt.[67]

Holanda macht das System von Vergueiro für das Heydtsche Reskript, das die Auswanderung der Preußen nach Brasilien verbot, verantwortlich. Aber er meint, dass trotz der einschränkenden Maßnahmen der einzelnen deutschen Regierungen 1859 die Auswanderung nach Brasilien nicht endete.[68]

Wie Marschalck schrieb, befasste sich das Deutsche Reich mit der Frage der Auswanderung erst wieder, als die Auswanderung bereits an Bedeutung verloren hatte. Zwar sollten nach der Verfassung des Deutschen Reichs von 1871 die Bestimmungen über die Kolonisation und die Auswanderung der Beaufsichtigung des Reichs unterliegen, aber es wurde vorerst nur ein Reichskommissar dafür bestellt.[69]

„Am 25. Februar 1878 legte Friedrich Kapp dem Reichstag einen umfangreichen Entwurf eines Gesetzes betreffend die Beförderung von Auswanderern nach außerdeutschen Ländern“ vor. Doch die preußische Regierung betrachtete ihn als unannehmbar.[70]

Das Heydtsche Reskript wurde vorerst inoffiziell aufgehoben, aber am 4. Juni 1896 stimmte das königliche Staatsministerium zu und am 30. Juli wurden die

---

[67] Débora Bendochi Alves: Cartas de imigrantes como fonte para o historiador: Rio de Janeiro – Turíngia (1852-1853), in: Revista Brasileira de História 23/45 (2003), S. 155-184, hier: S. 155. Auf S. 168 analysiert die Autorin Anhand von Briefen, dass die Deutschen isoliert lebten und so ihre Sprache, Kultur, Sitten und Bräuche bewahren konnten, was auch den deutschen Intellektuellen gefiel und in dieser Arbeit noch mehrmals angesprochen werden wird.

[68] Holanda: História Geral, S. 256: Siehe dagegen: Brunn: Deutschland und Brasilien, S. 69 u. 131: der meint, dass „nur die Zulassung von Auswanderungsagenten für Brasilien und die Werbung für die Auswanderung dorthin verbot.“ Siehe auch: Schneider: Alemania y América, S. 147: meint, dass die Werbung der Agenten in Preußen damit verboten wurde und das sollte fast 40 Jahre gültig bleiben. Siehe auch: Alfred Funke: Die Besiedlung des östlichen Südamerika mit besonderer Berücksichtigung des Deutschtums. Halle a.S. 1903 S. 33: In diesem Werk beschreibt der Autor den Grund für den Rückgang der Einwanderung in Blumenau. Ab diesem Zeitpunkt kamen relativ gesehen mehr Italiener in das Gebiet.

[69] Marschalck: Deutsche Überseewanderung, S. 44: Siehe dort Literatur zum Thema. Siehe auch: Brunn: Deutschland und Brasilien, S. 144: Nach Brunn hatte das Reskript seine Berechtigung, wegen der organisatorischen Unordnung beim Empfang der Einwanderer, den Täuschungsmanöver der brasilianischen Behörden, mit denen sie Auswanderer als Plantagenarbeiter zu gewinnen versuchten, und den oft mörderischen Anfangsbedingungen.

[70] Agnes Bretting: Funktion und Bedeutung der Auswanderungsagenturen in Deutschland im 19. Jahrhundert, in: Dies. und Bickelmann, Hartmut (Hrsg.): Auswanderungsagenturen und Auswanderungsvereine im 19. und 20. Jahrhundert. Stuttgart 1991, S. 11-90, hier: S. 39; und Bickelmann: Auswanderungsvereine, Auswandererverkehr und Auswandererfürsorge, hier: S. 105: Der bisherige Verlauf der Auswanderung wurde ständig kritisiert, sie sollte organisiert werden, die sozialen Bedingungen der Reise sollten sich verbessern und in Gebiete geleitetet werden, „wo Deutsche ihre Nationalität bewahren und der ehemaligen Heimat als Produzenten wie auch als Konsumenten weiterhin dienlich sein könnten.“

Regierungspräsidenten informiert.[71]

Eine einheitliche Gesetzgebung für die Beförderung von Auswanderern wäre interessant gewesen für alle betroffene deutsche Staaten, trotzdem blieb sie bis 1897 Ländersache. Das Reichsgesetz über das Auswanderungswesen vom 9. Juni 1897 trat am 1. April 1898 in Kraft und damit wurden alle landesherrlichen Verfügungen aufgehoben.[72] Dieses Auswanderungsgesetz sollte u.a. für die „Erhaltung des Deutschtums im Ausland und Ablenkung der Auswanderer nach geeigneten Gebieten“ sorgen. Darin wird weiter angeführt, „Südbrasilien und die La Plata-Staaten seien als Auswanderungsziele der Zukunft zu bezeichnen“.[73]

Dennoch gab es 1918 Leute, die sich gegen die Massenauswanderungen äußerten und zwar aus dem folgenden Grund: sie „stellen eine Verlust an Volkskraft dar, welcher dem Dasein des gesamten Volkes zum Verhängnis werden kann“, da diese Leute im Falle kriegerischer Auseinandersetzungen für das eigene Land nicht mehr zur Verfügung stehen würden.[74]

Heute ist es meistens nicht mehr für jedes einzelne Schicksal feststellbar, welche Motive und Faktoren für die Auswanderung entscheidend waren, die abstoßenden oder die anziehenden.[75] Diese sind nur noch ausfindig zu machen, wenn ein entsprechender Nachlass vorhanden ist.

3. Die Einwanderung der Deutschen in Brasilien

Die Relevanz dieser Immigration steht nicht im Verhältnis mit der Zahl der Einwanderer, denn es kamen viel mehr Menschen aus Italien, Spanien und Portugal nach Brasilien. Die Deutschen sind vor allem in den drei südlichsten Bundesstaaten Brasiliens wichtig. Dort bewahrten sie ihre eigene Kultur, auch wenn sie in größeren Zentren lebten.[76]

Harms-Baltzer charakterisiert die Einwanderung und Niederlassung der Deutschen in Brasilien mit den folgenden Worten:

> Früher zeitlicher Beginn, geringe Einwandererzahl, hohe Nachwuchsquote, Heterogenität der Einwanderer, Fixierung als kleine ländliche Ansiedler in den Waldzonen Südbrasiliens,

[71] Brunn: Deutschland und Brasilien, S. 140: Siehe dort die zum Thema angegebenen Quellen.

[72] Bretting: Funktion und Bedeutung der Auswanderungsagenturen, hier: S. 31. Siehe auch: Fouquet: Einwanderer und Nachkommen 1974, S. 72.

[73] Brunn: Deutschland und Brasilien, S. 145. Siehe auch: Schneider: Alemania y América, S. 150: "una intervención estatal en la dirección de los flujos emigratorios a determinados países, y un apoyo oficial a aquellas personas que siguiesen las directrices oficiales."

[74] Moltmann: Deutsche Siedelung in Süd-Brasilien, S. 2f.

[75] Marschalck: Deutsche Überseewanderung, S. 55.

[76] Seyferth: A Colonização Alemã no Brasil, hier: S. 275.

Isolierung der Siedlungen.[77]

3.1. Gründe und Probleme bei der Einwanderung in Brasilien: gesetzliche und politische Lage

Als Brasilien im April 1500 von Pedro Alvares Cabral entdeckt wurde, gelangte es unter die administrative Führung Portugals, als Kolonie dieses Reiches. Anfang des 19. Jahrhunderts wurde diese Abhängigkeit vom Mutterland durch die ständige Präsenz der Königsfamilie im Lande abgelöst.

Fröschle meint, dass der portugiesische Prinzregent D. João 1807 – um genauer zu sein, schiffte er sich am 29. November 1807 in Lissabon ein[78] – vor Napoleon flüchtete. Der portugiesische Hof begab sich nach Rio de Janeiro und machte die Stadt zum neuen Regierungssitz. In der Folge fand eine Europäisierung durch die Anwesenheit tausender Höflinge, Diplomaten, Soldaten und Händler statt.[79] Dagegen meint Dreher, dass Napoleon Portugal erst Oktober 1808 besetzen ließ und dass die Königsfamilie danach flüchtete.[80]

Mit dem Freibrief von Ende Januar 1808 öffnete der König – eigentlich regierte Dom João bis 1818 als Prinzregent, da er erst nach dem Tode der Königin Maria I. von Portugal im Jahre 1818 zum König ausgerufen wurde[81] – die brasilianischen Häfen für den Handel mit befreundeten Nationen.[82] Am 25. November 1808 erließ D. João VI ein Dekret, das Ausländern die Möglichkeit eröffnete, Land in Brasilien zu bekommen. Dadurch sollte Brasilien für die Europäer attraktiv gemacht werden, die nach Amerika auswandern wollten.[83]

---

[77] Käte Harms-Baltzer: Die Nationalisierung der deutschen Einwanderer und ihrer Nachkommen in Brasilien als Problem der deutsch-brasilianischen Beziehungen 1930-1938. Berlin 1970, S. 11.

[78] Hugo Zöller: Die Deutschen im Brasilianischen Urwald. Bd. 1, S. 153.

[79] Fröschle: Einst und jetzt, S. 6 und Peter Whitfield: Städte der Welt. In historischen Karten. Übers. von Erwin Fink. Stuttgart 2006, S. 157.

[80] Dreher: Kirche und Deutschtum, S. 23: nach von ihm eingesehener Literatur.

[81] Rudolph Hehl: Die Entwicklung der Einwanderungsgesetzgebung in Brasilien, in: Schriften des Vereins für Socialpolitik 72 (1896), S. 273-302, hier: S. 277f.

[82] Nelson de Senna: Was Brasilien der deutschen Kultur und Mitarbeit verdankt, in: Franz Termer (Hrsg.): Die Bedeutung deutscher Kultur und deutscher Arbeit in Brasilien von Professor Dr. Nelson de Senna in Bello Horizonte. Übers. von E. A. Scheibe. Würzburg 1933, S. 25-51, hier: S. 26; und Schneider: Alemania y América, S. 145. Senna versuchte, eine Liste mit deutschen Namen der Geschichte der Eroberung, Entwicklung und des Fortschritts Brasiliens aufzustellen. Es werden sowohl Werke als auch Personen angeführt, Reisende, Gelehrte, Wissenschaftler, Naturforscher oder Fürsten, nicht zu vergessen Musiker, Maler, Schriftsteller, oder Deutsche, die sich im industriellen, kirchlichen, Siedlungs- oder Handelsbereich hervortaten. Es ist ein Werk über die deutsche Kultur und Arbeit in Brasilien oder Leute, die sich mit Brasilien beschäftigten. Die Liste enthält veröffentlichte Werke und Taten von der Kolonialzeit bis in den 30er Jahren des 19. Jahrhunderts. Der Autor selbst meint es sei eine einfache Wiedergabe der deutschen Namen.

[83] Ibid., hier: S. 26; Moltmann: Deutsche Siedelung in Süd-Brasilien, S. 5: das Dekret vom 25. April 1818 sollte Gelder bereitstellen, um den europäischen Einwanderern Mittel zur Verfügung zu stellen; und weiter

Ab dem 16. März 1820 wurden die verschiedenen Völker in Deutschland und anderen Staaten Europas aufgerufen, nach Brasilien auszuwandern, um in den kleinen Landwirtschaften zu arbeiten.[84]

> In contrast to the German Americans, many Teuto-Brazilians came to the New World in response to government recruitment efforts and subsidies. In their settlement patterns, they were more highly concentrated regionally, displayed sharper distinctions in the characteristics of their urban and rural communities, and tended toward greater rural isolation. [85]

Hier wird die Isolierung, in der die Einwanderer lebten, deutlich hervorgehoben. Bei aller Heterogenität in den eigenen Reihen – je nach geographischer Herkunft, Dialekt und sonstigen Unterschieden – formierten sie eine relativ homogene Gruppe, als sie sich in Brasilien niederließen.

Dom Joao VI. kehrte 1821 nach Portugal zurück und hinterließ Dom Pedro als Regent, der die österreichische Prinzessin Leopoldine – eigentlich Erzherzogin und Tochter des letzten Kaisers des Heiligen Römischen Reiches Deutscher Nation – 1817 geheiratet hatte. Am 07. September 1822 wurde Dom Pedro mit der Unabhängigkeit Brasiliens Dom Pedro I. – der erste Kaiser Brasiliens.[86]

Der Kaiser war sich aber der Loyalität des Volkes nicht sicher und führte fremde Söldner ein, die in Deutschland angeworben wurden. Bei dieser Gelegenheit ordnete er zugleich die Gründung einer deutschen Ansiedlung in RS an.[87]

Das Problem war, dass die Methoden der Anwerbung meist illegal waren und die Angeworbenen betrogen wurden: sie warben Kolonisten an, um sie dann in den Militärdienst zu pressen. Beispielhaft dafür war die Werbung des Major Schäffer in den 1820er Jahren um Einwanderer für Brasilien.[88] Die Agenten warben um die Auswanderer

---

Seyferth: Imigração e cultura, S. 9 und 14: Der Urwald in den Flusstälern nahe an der Küste in ES, SC und RS sollte besiedelt werden.

[84] Holanda: História Geral, S. 222; Siehe auch: Hehl: Einwanderungsgesetzgebung in Brasilien, hier: S. 278; und Schneider: Alemania y América, S. 145.

[85] Luebke: Germans in the New World, 1990. S. 104.

[86] Müller: Sobrevoando nossa história, hier: S. 14; und Schneider: Alemania y América, S. 141: La boda "supuso un importante fortalecimiento de las relaciones entre Brasil y el área germánica de Centroeuropa. [...] La emperatriz austriaca atraerá a numerosos científicos, artistas y también soldados y colonizadores germanos a la antigua colonia portuguesa."

[87] Hehl: Einwanderungsgesetzgebung in Brasilien, hier: S. 278.

[88] Bretting: Funktion und Bedeutung der Auswanderungsagenturen, hier: S. 19: zitiert nach Klaus Richter. Dazu auch: Brunn 1971. S. 3: „So kamen bis 1830, dem vorläufigen Ende der Einwanderung, ca. 6000 Deutsche ins Land." Dazu auch: Seyferth: A Colonização Alemã no Brasil, hier: S. 277: Schaeffer war Arzt, Naturforscher und Major. Er warb Söldner im Ausland an, um für die Zentralregierung in Brasilien zu kämpfen. Erst danach soll er in den hanseatischen Städten Deutschlands Immigranten für die Kolonien im Süden angeworben haben. Siehe auch: Funke: Das östliche Südamerika, S. 34: Der dahingegen meint, dass Schäffer manches schlimme Element in Brasilien einführte. Siehe dazu auch: Oberacker, Beitrag zum Aufbau, S. 158-161: Er soll in wenigen Jahren 2000 Soldaten und 5000 Bauer und Handwerker angeworben

z.B. mit bezahlter Reise, gespendetem Land, Tiere und Werkzeug zur Arbeit und Geldunterstützung in den ersten Monaten. Außerdem sollte die Naturalisierung und religiöse Freiheit nicht in Frage gestellt werden.[89]

Aber Dom Pedro I. sah in der Einwanderung die Möglichkeit zur

> Schaffung einer Mittelschicht durch Einwanderung von Landwirten und Handwerkern und der Anwerbung von ausländischen Soldaten ein Mittel zur Stabilisierung der kaiserlichen Zentralgewalt gegenüber den mächtigen Großgrundbesitzern, denen Unterordnung schwerfiel.[90]

Daraus lässt sich schließen, dass der Kaiser daran dachte, das Landesinnere zu besiedeln, denn für städtische Zentren hätte er nicht Landwirte und Handwerker anwerben lassen müssen. Außerdem waren die Soldaten wohl auch nicht nur zur Stabilisierung der Zentralgewalt gedacht, sondern auch für die Verteidigung und Befestigung des Südens.

Denn Südbrasilien war ein umstrittenes Gebiet zwischen Portugiesen und Spaniern, obwohl es wirtschaftlich noch wertlos war. Portugal kümmerte sich nicht um dieses Gebiet, weil es keine Erträge abwarf oder Bodenschätze aufwies.[91]

Wie Senna schrieb, nahmen viele deutsche Soldaten an den Kämpfen und Feldzügen Brasiliens am Rio de la Plata teil: z.B. an der Trennung der Provinz Cisplatina 1828, dem Krieg gegen den argentinischen Diktator Juan Manuel Rosas – der 1852 besiegt wurde –, und dem Krieg gegen Paraguay zwischen 1865 und 1870, als zahllose Abteilungen deutsch-brasilianischer Soldaten und Offiziere aus den drei Südprovinzen in das staatliche Heer eintraten.[92] 1865 sollen 67 Kolonisten – von denen einige gestorben sein sollen – unter dem Feldherr Gilsa, der auch Lehrer war, ein Leutnant, zwei Fähnriche und ein Chirurg in den Krieg gezogen sein. Was nach Meinung Silvas für diese Männer sprach, die für die neue Heimat kämpften.[93]

Auch Faulhaber ist der Meinung, dass die Deutschbrasilianer für die Sicherheit und Verteidigung der neu erwählten Heimat kämpften, wie im Krieg gegen Paraguay und in der

---

haben. Hier S. 159.

[89] Müller: Sobrevoando nossa história, hier: S. 17.

[90] Fröschle: Einst und jetzt, S. 9; und Martin Dreher: O Estado Novo e a Igreja Evangélica Luterana, in: Telmo Lauro Müller (Hrsg.): Nacionalização e Imigração Alemã. X Simpósio de História da Imigração e Colonização Alemãs – São Leopoldo, set. de 1992. São Leopoldo 1994, S. 87-110, hier: S. 101: die Kolonisten dienten auch als Arbeiter für den Bau von Straßen.

[91] Oberacker: Beitrag zum Aufbau, S. 162, 18f.: Also gab es auch wirtschaftliche Gründe für die Einwanderung: Landwirtschaft, Handwerk und Industrie.

[92] Nelson de Senna: Was Brasilien verdankt, hier: S. 30f. Siehe dazu auch: Oberacker: Beitrag zum Aufbau, S. 232-236 und 247-250: Mehr Informationen zum Krieg gegen Argentinien und später gegen Paraguay.

[93] José Ferreira da Silva: História de Blumenau. Blumenau 1950, S. 21; und Konder Reis, Antônio Carlos: Em defesa da colonização alemã. Florianópolis 1949, S. 12: Konder Reis gibt die Zahl von 77 Freiwillige, die für Brasilien in den Krieg zogen, an.

Revolution von 1893 und 1894.[94]

Außerdem gab es noch andere kriegerische Auseinandersetzungen im Süden: den Bürgerkrieg, der zwischen dem 20. September 1835 und dem 01. März 1845 stattfand und als „Farrapenkrieg" – auch als Revolution der Provinz São Pedro do Rio Grande do Sul gegen die imperialistische Regierung Brasiliens bekannt – in die Geschichte einging, sowie den Krieg gegen Uruguay von März 1864 bis 20. Februar 1865.

Nicht nur die, die als Söldner nach Brasilien kamen, sondern auch diejenigen Männer, die als Kolonisten eingewanderten waren, kämpften um ihre neue Heimat. Und das, obwohl es, wie Hehl meint, ab 1850 ein Landgesetz gab, das besagte, dass „ausländische Landkäufer nach zwei Jahren naturalisiert werden können und vom Dienste im Heer befreit sei[e]n, nicht aber von dem in der Nationalgarde."[95]

Ab dem 15. Dezember 1830 wurde die Einwanderung und die Konzession von Land an Ausländer per Gesetz verboten. Daran änderte sich nichts bis Ende der 40er Jahre.[96]

1879 gab es ein neues Wahlgesetz, welches besagte, dass es ab diesem Zeitpunkt direkte Wahlen gab und dass, sofern naturalisiert, jeder wahlfähig war, auch Nicht-Katholiken. [97] Selbstverständlich waren Frauen nicht einbezogen, dies sollte erst viel später geschehen.

Während seiner Regierung stellte der Kaiser die fremde Kolonisation als Notwendigkeit dar, bis zu seiner Abdankung am 7. April 1831 aber ohne großen Erfolg. Von da an regierte 63 Jahre lang sein zu diesem Zeitpunkt sechsjähriger Sohn, der als Pedro II. zum Kaiser ausgerufen wurde.[98]

Aber auch Dom Pedro II. schätzte den Beitrag, der von deutscher Seite in Brasilien zur Fortentwicklung geleistet wurde. Die Europäer seien gebildeter als die Lateiner und könnten so im agrarischen Sektor, im Handwerk und in der Industrie mehr leisten. 1971 schrieb Freyre, dass sie den Drang zum Fortschritt hätten, der bei den Kolonisatoren aus der iberischen Halbinsel fehlen würde – da sie in der Agrarwirtschaft und im Handel, also in der Technologie und Ökonomie, rückständig wären. Dafür behauptete er, hätten sie in bestimmten Regionen für die Entwicklung beigetragen und seien im sozio-kulturellen Bereich nicht wegzudenken.[99]

---

[94] Hermann Faulhaber: Deutschtum in Südbrasilien, in: Beiträge zur Kolonialpolitik und Kolonialwirtschaft 1 (1899-1900). S. 435-438, Zitat hier: S. 437.

[95] Hehl: Einwanderungsgesetzgebung in Brasilien, hier: S. 279f..

[96] Schneider: Alemania y América, S. 144.

[97] Hugo Zöller: Die Deutschen im Brasilianischen Urwald. Bd. 1, S. 155.

[98] Hehl: Einwanderungsgesetzgebung in Brasilien, hier: S. 278f.

[99] Gilberto Freyre: Nós e a Europa Germânica, S. 38, 41 und 45: Er betont die Anwesenheit von Deutschen in SC, die einen hohen Beitrag für die Kultur leisteten, indem sie Musik, Folklore, Tänze, Festlichkeiten, Essen

Aber noch 1940 behauptete der gleiche Autor, nach einer Reise in die drei südlichsten Staaten, die „Arier“ würden die Brasilianer als „korrupte Mischlinge“ darstellen und die lusobrasilianische Kultur sei durch imperialistische ethnozentrische Europäer bedroht, aufgrund der für sie gängigen rassistischen Ideologie. Dies sei für die Portugiesen ganz unbekannt, da sogar der König schon im 17. Jahrhundert für eine Gleichheit der Brasilianer sogar mit Europäern eintrat – das Exotische sei beizubehalten anstatt zu zerstören.[100]
Freyres Meinung scheint sich im Laufe der Jahre verändert zu haben – aber man darf auch hier nicht die politische internationale Lage der 1940er Jahre außer Acht lassen. Genauso wie die Meinung der Leute, die in der Regierung im Laufe der Jahrzehnte etwas zu sagen hatten.
Durch das kaiserliche Dekret vom 19. Januar 1867 entschloss sich die Regierung, Garantien und Konzessionen für die Gründung und den Aufbau von Staatskolonien zu machen. Diese wurden in 45 Artikeln abgefasst und in vier Kapitel unterteilt. Es war jedoch nicht sehr erfolgreich.[101]
Die Verfassung von 1890 besagte dann die „Trennung von Staat und römisch-katholischer Kirche“ - Abt. 2. Art. 73 § 3 und 4 regelten erstens die Möglichkeit, dass alle Personen ihre Religion frei ausüben durften und zweitens, dass eine religiöse Zeremonie zwar stattfinden müsste, aber die Republik nur die Zivilehe anerkannte.[102] Damit stand fest, dass die Kinder von Nicht-Katholiken auch erbberechtig waren. Bisher waren sie das nicht, weil protestantische Kinder für das brasilianische Gesetz unehelich waren, da die protestantische Zeremonie nicht anerkannt wurde.
Interessanterweise meinte aber Pastor Hesse in Blumenau schon viel früher, dass es ein Gesetz gäbe, das protestantische Ehen anerkannte. Da dies nur nicht beachtet werde, versuchte er in Blumenau und Region ein Gesuch zu Stande zu bringen, um es zu erwirken.[103]
Hinzu kam das Dekret vom 28. Juni 1890, das eine Kolonialverordnung in Kraft treten

---

und Frömmigkeit wertschätzten. Er ist der Meinung, dass die Deutschen sich anpassen könnten und dass die gegenteilige Behauptung ein Mythos sei.

[100] Gilberto Freyre: Uma Cultura ameaçada: a luso-brasileira. Recife 1940. Online: http://prossiga.bvgf.fgf.org.br/portugues/obra/opusculos/uma_cultura_ameacada.htm, S. 1-3, 7-11 und 14: nach der ausgedruckten Version. Für die Portugiesen war die „Vermischung der Rassen“ nie ein Problem, denn die „Vielfalt des Blutes“ bedeutete eine „Pluralität der Fähigkeiten“.

[101] Hehl: Einwanderungsgesetzgebung in Brasilien, hier: S. 284-288.

[102] Prien: Evangelische Kirchenwerdung, S. 116.

[103] João Klug: Imigração e Luteranismo, S. 87f. und 91. Siehe dort die entsprechenden Quellen.

ließ, die im zweiten Teil auf die Pflichten und Rechte der Kolonisten einging.[104]
Das brasilianische Parlament – kontrolliert durch die traditionellen Großgrundbesitzer, die die Politik und die Wahlen lenkten – opponierte immer wieder gegen die subventionierte Kolonisation und argumentierte für eine freie Immigration. Dagegen, bzw. für die subventionierte Kolonisation kämpften die moderneren Großgrundbesitzer der Kaffeeplantagen.[105]
Die Einwanderung wurde wichtig, als die Sklaverei verboten wurde: es waren Arme, also Arbeiter, erforderlich, um die Arbeit zu erledigen[106] – auch wenn Politiker und Intellektuelle vor der Gefahr einer homogenen deutschen Kolonisation im Süden warnten, vor allem aufgrund des *Pangermanismo* in den Jahren vor dem Ersten Weltkrieg. Daher wurden zwischen 1900 und 1909 die Gesetze zur Einwanderung und Kolonisation verändert. Ab diesem Zeitpunkt mussten die Kolonien Brasilianer und Leute, die aus anderen Ländern kamen, ansässig werden lassen.[107]
„Am 15. November 1889 wurde der brasilianische Kaiser Pedro II. durch einen kombinierten Putsch von Militärs und radikalen Republikanern gestürzt, bzw. dankte er ab."[108] Folglich wurde die Republik ausgerufen, was für die Armee einen Machtzuwachs bedeutete, da sie die siegreiche Revolution unterstütze – der Einfluss der Armee prägte somit die Republik Brasiliens.[109]
Es sollte die Einbürgerung „alle[r] in Brasilien anwesenden Ausländer als brasilianische Bürger [vorgenommen werden], wenn sie nicht binnen 6 Monaten nach Inkrafttreten der Verfassung vom 24. Februar 1891 ausdrücklich dagegen Widerspruch eingelegt hatten."[110] Dies galt für alle Ausländer, die am 15. November 1889 schon in Brasilien lebten.
Für die Einwanderer war zu der Zeit eben von Bedeutung, dass Staat und Kirche unter der provisorischen Regierung des Marschalls Deodoro da Fonsecas zu Beginn der Republik getrennt wurden und somit Zivilehe und Zivilregister eingeführt und „alle Bürger

---

[104] Hehl: Einwanderungsgesetzgebung in Brasilien, hier: S. 294f.
[105] Lazzari, Beatriz Maria. Imigração e ideologia: Reação do Parlamento Brasileiro à política de colonização e imigração (1850-1875). Porto Alegre und Caxias do Sul 1980, S. 8f.: So Lazzaris Meinung, die behauptet, dass die Parlamentarier ihren Großgrundbesitz, Herrschaft und Privilegien absichern wollten.
[106] Holanda: História Geral, S. 245.
[107] Seyferth: Imigração e cultura, S. 15. Siehe auch: Hehl: Einwanderungsgesetzgebung in Brasilien, hier: S. 276: Nach dem Gesetz zum Verbot der Sklaverei im Mai 1888 wurde von der Regierung und von privater Seite versucht, freie Arbeiter einzuführen, da die Plantagen plötzlich ohne Arbeiter waren. Der Autor ist allerdings mit Vorsicht zu betrachten, da manchmal Belege fehlen, Rückschlüsse unerklärlich gezogen werden und keine genaueren Angaben gemacht werden, einige sogar falsch sind wie S. 282, wo angegeben wird, dass Blumenau 1851 gegründet wurde. Zur Gründung später mehr.
[108] Brunn: Deutschland und Brasilien, S. 11. Siehe dazu auch: Oberacker, Beitrag zum Aufbau, S. 324.
[109] Donghi: Geschichte Lateinamerikas, S. 399.
[110] Wettstein: Brasilien und die Kolonie Blumenau, S. 236.

bezüglich ihres Glaubens gleichgestellt" wurden.[111] Damit sollte zumindest ein Problem gelöst werden, während andere Probleme noch sehr lange vorherrschen würden.

Denn nach der Errichtung des deutschen Kaiserreiches 1871 traten Befürchtungen auf: „Wie überall in der Welt hatte die deutsche Einigung auch bei den Auswanderern in Brasilien zu einer Stärkung des deutsch-patriotischen Gefühls geführt." Das wiederum veranlasste die internationale Presse, von den Träumen der Alldeutschen für Südbrasilien zu berichten, was das brasilianische Nationalgefühl verletzte und so antideutschen Gefühlen freien Lauf ließ.[112]

Dennoch betont Luebke, dass die deutschen Immigranten meist positiv beurteilt wurden - jedenfalls von den höheren Gesellschaftsschichten, die sie gern in der brasilianischen Gesellschaft sehen wollten, um ihre beruflichen Fähigkeiten in Anspruch zu nehmen und die Bevölkerung „weiß zu machen", da diese 1890 nur zu 40% weiß war.[113] Auch Dreher ist der Ansicht, dass das portugiesische Königtum und später das brasilianische Kaisertum die Lutheraner anheuerte, da eine Politik verfolgt wurde, die es sich zum Ziel machte, die Bevölkerung „zu weißen" - so der damalige gängige Begriff.[114]

Wie Holanda schrieb, wollte man mit der Kolonisation durch kleine Landwirtschaften und freie Arbeiter das Land bevölkern, die freie Arbeit aufwerten, eine Mittelschicht schaffen, die Grenzen verteidigen und Städte und Armee versorgen. Damit sollten demographische, moralische, soziale, militärische und ökonomische Probleme behoben werden.[115]

Ganz gleich welche Absicht die Regierung hatte, Luebke glaubt, dass die Einwanderer in den 1880er Jahren "eine Gesellschaft in der Gesellschaft bildete[n]", eine gut organisierte Gemeinde mit eigenen Wertvorstellungen und eigener Sprache.[116]

Um die spätere Entwicklung der Geschichte und die diplomatischen und politischen Verwicklungen – denn diese beiden Bereiche mussten immer die wirtschaftliche Situation bei ihren Entscheidungen in Betracht ziehen – zu verstehen, muss ein wichtiger Faktor – der nicht immer erwähnt wird – angesprochen werden: der brasilianisch-deutsche Handel, der nicht nur im wirtschaftlich-ökonomischen Sinne von Interesse ist. Die Verwicklungen

---

[111] Brunn: Deutschland und Brasilien, S. 22. Siehe dort die dazu angegebene Literatur. Siehe dazu auch: Oberacker: Beitrag zum Aufbau, S. 326.

[112] Brunn: Deutschland und Brasilien, S. 201 und 209.

[113] Luebke: Germans in the New World, S. 114.

[114] Dreher: O Estado Novo e a Igreja Evangélica Luterana, hier: S. 100.

[115] Holanda: História Geral, S. 223. Sein Werk beschreibt die Politik Brasiliens im 19. Jahrhundert und die Auseinandersetzungen in Südamerika, die Sklaverei und die Kolonisation durch Europäer. Letztere kamen nach Südamerika, um die freie Arbeit zu entrichten. Nur die Portugiesen sahen sich nicht als Ausländer und waren der Ansicht nicht arbeiten zu müssen. Auch Wissenschaft, Kunst und Literatur werden angesprochen.

[116] Luebke: Germans in the New World, S. 124.

sind viel intensiver gewesen, vor allem in Zeiten von internationalen politischen Krisen. Beide Länder mussten aufgrund der Handelsbeziehungen aufeinander Rücksicht nehmen. Es werden hier nur ein paar wichtige Punkte angesprochen, z.B. dass Brasilien und Argentinien mit Deutschland Handelsbeziehungen eingingen und dass sie dies zu einem gewissen Zeitpunkt taten:

> Allein ein Drittel des deutsch-südamerikanischen Handels wurde mit der brasilianischen Republik abgewickelt, [sic] und sie lieferte unersetzbare tropische Produkte. Umfangreiche Kapitalien waren im Handel und in Plantagen angelegt. Deutsche Kaufleute vermittelten einen Großteil des Außenhandels der Republik.[117]

Dies führte dazu, dass die Politik Bismarcks durch ein Denken in handelspolitischen Kategorien abgelöst wurde. Deutschland wollte den gewonnenen wirtschaftlichen Einfluss erhalten „oder es zumindest nicht ganz dem vermuteten Zugriff der USA" überlassen.[118] Es gab Theoretiker, die dachten, dass die Untertanen zwar verloren gegangen seien, diese sich aber dann in Kunden der deutschen Wirtschaft hätten verwandeln können.[119]

Dem folgt noch ein kurzer und allgemeiner Blick auf die internen Verhältnisse bezüglich der Entwicklung der Industrie in einigen Regionen, die von Deutschen kolonisiert wurden. Wie Seyferth darstellt, „vermehrten sich die kleinen handwerklichen familiären Industrien in den kolonisierten Gebieten". Es entstanden kleine Fabriken wie z.B. auch Brauereien, die sich auf die Arbeit der Familie stützten und wenige Angestellte hatten, was bis in die 1940er Jahre üblich war. Normalerweise entstanden – davon unabhängig – Ende des 19. Jahrhunderts in den urbanen Zentren Industrien, bei denen das Kapital von den einst kleinen Läden der Deutschbrasilianer kam. Die Textil- und Metallindustrie im Itajaítal und in Joinville und die Leder-, Keramik- und Metallindustrie in Porto Alegre, sowie Nahrungsmittelindustrien brachten neue Arbeitsmöglichkeiten für die Kinder der Kolonisten und später für die Brasilianer. Durch den gleichzeitigen Verlauf von Urbanisierung und Industrieentwicklung „konsolidierte sich eine relativ vielfältige und große urbane Mittelschicht und eine kleine industrielle Handelselite, die eine wichtige Rolle bei der Formulierung der Deutschbrasilianischen Ethnizität spielte."[120]

Einerseits führte die Industrialisierung zu einer gewissen Distanz gegenüber der ursprünglichen Kultur und es bildete sich eine Neue. Andererseits war die Entwicklung der Industrie von der Regierung abhängig, was die Leute dazu bewog, an der bundesstaatlichen

[117] Brunn: Deutschland und Brasilien, S. X: Im Vorwort.
[118] Ibid., S. 283.
[119] Willems: A Aculturação dos Alemães, S. 261.
[120] Seyferth: A Colonização Alemã no Brasil, hier: S. 290f.

und nationalen Politik teilhaben zu wollen.[121]

Denn sie lebten in einer politischen Randexistenz und solange die lokale Verwaltung – die teilweise von ihnen mit aufgebaut worden waren – ihre Probleme löste, mischten sie sich nicht ein – „schon deswegen weil sie geographisch, kulturell und sprachlich isoliert lebten". Nur wenn und weil sie die Unterstützung der Regierung brauchten, interessierten sie sich für die politischen Probleme in SC.[122]

Die politische Integration wiederum war im brasilianischen Kaiserreich kompliziert. Die protestantischen Bürger und die Eingebürgerten hatten keine Chance, wichtige politische Ämter zu bekleiden. Selbst wenn sie eine Chance gehabt hätten, wären sie dem abgeneigt gewesen. Deren Abneigung der Politik gegenüber änderte sich dadurch, dass 1852 eine deutsche Legion von 1900 Soldaten und 52 Offiziere ankam, die von der brasilianischen Regierung nach der gescheiterten Revolution von 1848 nach Brasilien eingeladen worden war und die angeblich fast nur aus Gebildeten bestand, die deswegen einflussreiche Berufe wie Journalist oder Lehrer ergriffen.[123]

Aber auch für sie sollte die Teilnahme an der brasilianischen Politik nicht einfach sein.[124] 1891 wurde der eingebürgerte Ausländer mit dem Brasilianer gleichgesetzt, bis auf die Ausnahme, dass kein Ausländer oder Eingebürgerter zum Oberhaupt des Landes gewählt werden konnte. Die Verfassungen von 1934 und 1937 schränkten das berufliche und politische Leben diese Leute aber wieder ein. Durch die Verfassung von 1934 und die Landesverfassungen konnte keiner von ihnen für irgendein politisches Amt gewählt werden.[125]

3.2. Einwanderungsdaten

Die Angaben zu den Einwanderungsdaten sind unsicher und nicht vergleichbar, weil zu verschiedenen Epochen verschiedene Kriterien gewählt wurden, um die Einwanderer in die Listen einzutragen. Das ist ein Thema, das jedem Forscher Schwierigkeiten bereitet und zu Irrtümern verleiten kann.

---

[121] Willems: A Aculturação dos Alemães, S. 264.

[122] Egon Schaden: O estudo sócio-antropológico da aculturação dos alemães no Brasil. S.l. 1973, S. 114.

[123] Willems: A Aculturação dos Alemães, S. 370f. und 386: Selbst im Artikel 97, 3 und im Artikel 141 der Verfassung vom 25. März 1824 und der Verfassung des Reiches wurden sie als Ausländer, die eingebürgert wurden, bezeichnet. Auf S. 385: Auch Artikel 6 meinte, dass alle eingebürgerten Ausländer brasilianische Bürger wären, ganz gleich welche Religion sie angehörten. Aber Artikel 91 sah einen Unterschied zwischen brasilianische Bürger, die alle politischen Rechte haben und den eingebürgerten Ausländern.

[124] Schaden: O estudo sócio-antropológico da aculturação, S.114: Die meisten Immigranten kannten die Politik im eigentlichen Sinne nicht, denn für diese Landleute war es eine Aktivität für höher Gestellten, wie sie es in Deutschland gekannt hatten.

[125] Willems: A Aculturação dos Alemães, S. 386.

Trotzdem existieren Statistiken, die es ermöglichen, das Thema zu bearbeiten. Es gibt eine Statistik vom *Instituto Brasileiro de Geografia e Estatística*, dem brasilianischen Institut für Geographie und Statistik, die aussagt, dass zwischen 1824 und 1969 die unten angegeben Deutschen in Brasilien einwanderten[126]:

Jahrzehnte	Zahl der Einwanderer
1824–47	8.176
1848–72	19.523
1872–79	14.325
1880–89	18.901
1890–99	17.084
1900–09	13.848
1910–19	25.902
1920–29	75.801
1930–39	27.497
1940–49	6.807
1950–59	16.643
1960–69	5.659

Willems[127] setzte sich mit den Zahlen der Einwanderer in Brasilien auseinander. Er zitiert z.B. das *Departamento Nacional do Povoamento*, das behauptete, dass 154.999 Deutsche in Brasilien einwanderten, 90.000 davon vor dem Ersten Weltkrieg, was heißen würde, dass bis 1914 nicht mehr als 65.000 Deutsche eingewandert wären. Deutsche Dokumente geben aber 99.679 Leute an, während brasilianische Dokumente 134.230 angeben. Im Endeffekt scheint er den Angaben Glauben zu schenken die besagen, dass zwischen den Jahren 1886 und 1936 höchstens 280.000 deutsch Sprechende einwanderten, also 7% von den 4.097.783 Immigranten, die insgesamt in Brasilien einwanderten.
Luebke beruft sich auf eine Tabelle von José Fernando Carneiro bei der Information, dass ungefähr 200.000 deutsch Sprechende zwischen 1830 und 1930 in Brasilien einwanderten, was nur 3,5% der im gleichen Zeitraum in die USA Eingewanderten ausmachen würde[128].
Seyferth stützt sich auch auf Carneiros Angaben, indem sie 4.903.991 Immigranten zwischen 1819 und 1947 einwandern lässt. Sie führt dazu weiter aus, dass bis 1880 hauptsächlich Deutsche und Portugiesen einwanderten, danach die italienische Einwanderung stärker wurde, die in einigen Jahren sogar die Zahl der 100.000 überstieg, und dass nur die Portugiesen mit den Italienern, die Anzahl betreffend, mithalten

126 Fröschle: Einst und jetzt, S. 6: Angaben dort entnommen.
127 Willems: A Aculturação dos Alemães, S. 40f.
128 Luebke: Germans in the New World, S. 93. Siehe auch: Thistlethwaite: Europäische Überseewanderung, hier: S. 326: der I. Ferenczi zitiert, indem er 55 Millionen Europäer angibt, die zwischen 1821 und 1924 nach Übersee auswanderten, von denen 33 Millionen in die USA gingen.

konnten.[129]

Bis 1850 soll eine sehr kleine Zahl an Deutschen eingewandert sein. Ab dann stieg und hielt sich die Zahl vor allem Richtung Süden. In den Jahren vor und nach dem Ersten Weltkrieg wanderten mehr Leute aus. Die Zahl ging während des Zweiten Weltkriegs aber deutlich zurück.[130] Moltmann gibt eine Zahl von annähernd sechs Millionen Angehörigen des deutschen Volkes an, die zwischen 1818 und 1918 ausgewandert sein sollen.[131]

Thistlethwaite erwähnt, dass die Lücken in und Differenzen zwischen den unterschiedlichen statistischen Materialien – Hafen-, Grenz-, Passagierlisten und Pässen – die je nach Land und Zeit abweichen, ein Problem sind.[132]

Zwei Beispiele bezüglich der Schwierigkeiten, die bei der Angabe der Staatsangehörigkeit und bei den daraus entstandenen Statistiken vorkommen konnten, entnehme ich Seyferth[133]: viele Polen wurden als Russen eingetragen, weil sie aus einer Region Polens kamen, die politisch der Zarenkrone unterstand; oder viele Italiener, die im 19. Jahrhundert nach SC und RS einwanderten, wurden als Österreicher eingetragen, weil sie aus einer Region im Norden Italiens kamen, die dem österreichischen-ungarischen Thron angehörte.

Anderseits behauptet die Forscherin in einem anderen Werk, dass mit deutschen Kolonisten alle Immigranten deutscher Sprache gemeint sind und dass die deutsche Kolonisation als Begriff für die Regionen in Südbrasilien dient, in die überwiegend aber nicht nur Deutsche einwanderten.[134]

Also sind sich noch nicht einmal die Forscher sicher, wie weit der Begriff auszudehnen ist, teilweise betrifft die unsichere Handhabung der Begriffe auch die Werke eines einzigen Autors.

Seyferth meint, dass die Statistiken annähernd informieren, wie viele Deutsche in Brasilien einwanderten, aber die Daten nicht vertrauenswürdig sind, wenn man wissen möchte, wie viele davon blieben. Sie benennt zwei Autoren, die einige Probleme herausarbeiteten: Carneiro bezüglich der Grenzverschiebungen und die dadurch entstandenen Schwierigkeiten, die Immigranten zu zuordnen; daneben Willems, der aufgrund der ethnischen Zugehörigkeit anhand der Sprache regionale Identität und nationale Herkunft

---

[129] Seyferth: Imigração e cultura, S. 11.
[130] Dies.: A Colonização Alemã no Brasil, S. 275.
[131] Moltmann: Deutsche Siedelung in Süd-Brasilien, S. 1f.: Wegen sozialer und wirtschaftlicher Not, Wanderlust, politischen Verhältnissen, da die Industrie dieses Wachstum nicht auffangen konnte.
[132] Thistlethwaite: Europäische Überseewanderung, S. 329: zitiert nach I. Ferenczi.
[133] Seyferth: Imigração e cultura, S. 12.
[134] Dies.: A colonização alemã no Vale do Itajaí-Mirim: um estudo de desenvolvimento econômico. Porto Alegre 1974, S. 29.

außer Acht lässt.[135]

Moltmann meint, dass die deutschen Auswanderungszahlen nicht zuverlässig sind, da sich viele Deutsche wegen der Heydtschen Reskripte in außerdeutschen Häfen einschiffen ließen. Genauso wenig kann man den brasilianischen Statistiken Glauben schenken, da in diesen nicht nach der Herkunft – aus dem Reich, der Schweiz, Österreich und Russland - der Einwanderer gefragt wurde.[136]

Es sind sicherlich einzelne Deutsche in ganz Brasilien zerstreut, aber wie Seyferth meint, sind sie ab 1818 in die Bundesstaaten Minas Gerais, Rio de Janeiro, Paraná – auch jeweils als MG, RJ und PR bezeichnet –, ES und SP vertreten, doch die Mehrzahl wanderte in den zwei südlichsten Bundesstaaten RS und SC ein.[137]

3.3. Die Anfänge der Einwanderung und die Folgen der Kolonisation für die Einwanderer

In einem seiner Werke schrieb Dr. Blumenau über die Vorteile, nach Südchile oder Südbrasilien auszuwandern, anstatt in die USA oder in andere englische Kolonien. Er meinte, die Einwanderer hätten in Südamerika eine höhere soziale Stellung, die daher käme, dass die Deutschen als Lehrmeister der Eingeborenen auftreten könnten, weil sie mehr Kenntnisse hätten, was im Norden nicht der Fall sei. Außerdem könne man südlich des Äquators die deutsche Sprache und Sitte besser erhalten.[138]

Die Kolonisation im Süden Brasiliens sollte dazu dienen, das Land aufgrund kleiner Landwirtschaften, die von den Familien bearbeiten werden sollten, zu besiedeln.[139] Dreher fasst das Leben der Kolonisten so zusammen: sie wurden in Regionen angesiedelt, wo sie zur Ausmerzung der Indianer beitrugen, sie waren kleine Landwirte – denen nicht erlaubt war, Sklaven zu halten – wodurch sie viele Kinder bekamen, um mit den Großgrundbesitzern zu konkurrieren. Der daraus entstandene Bevölkerungsüberschuss wurde zu den Grenzen der Spanisch sprechenden Länder gelenkt, wo sie zur nationalen Sicherheit beitrugen.[140]

---

[135] Dies.: A Colonização Alemã no Brasil, hier: S. 274f. Auch: Dies. Imigração e cultura, S. 9: Dort kommt das gleiche Thema vor, denn sie meint, dass die Autoren zu verschiedenen Ergebnissen kommen, was die Zahl der Einwanderer – sei es die Gesamtzahl oder pro Nationalität – betrifft.

[136] Moltmann: Deutsche Siedelung in Süd-Brasilien, S. 43.

[137] Seyferth: Vale do Itajaí-Mirim, S. 29.

[138] Blumenau [1851]: Leitende Anweisungen, Zitat hier: S. 202.

[139] Seyferth: A Colonização Alemã no Brasil, hier: S. 277.

[140] Dreher: O Estado Novo e a Igreja Evangélica Luterana, hier: S. 101: Das sollte in den Jahren des *Estado Novo* als Gefahr angesehen werden. Hervorhebung im Original. Siehe auch: Seyferth: Imigração e cultura, S. 15: Die meint, dass im 20. Jahrhundert die europäischen Einwanderer und ganze Familien von RS und SC

Durch ein Dekret vom 16. Mai 1818 wurde eine Kolonie von Schweizern gegründet, deren katholische Bewohner einige Vorteile gewährt bekamen: "Zahlung der Reisekosten, Schenkungen u.a. von Grundstück, Naturalien, Privilegien."[141] Das Zentrum war die Kolonie Nova Friburgo im Bundesland RJ. Zur gleichen Zeit versuchte man eine deutsche Kolonie in Bahia – auch als BA bezeichnet – anzulegen, die aber keine guten Ergebnisse erbrachte.[142] Seyferth widerspricht sich jedoch bei den Angaben in ihren verschiedenen Werken. Es kann sein, dass sie zwischen 1990 und 2000 neue Informationen bekam, was aber nicht explizit erwähnt wurde.

Denn in ihrem Aufsatz, der im Jahr 2000 herausgegeben wurde, meint sie, dass die ersten Deutschen unter der Leitung eines Naturforschers 1818 im Süden von BA die Kolonie Leopoldina gegründet hätten – und dass es sogar noch zwei andere Versuche in BA 1821 und 1822 gab, die scheiterten. Erst dann nennt sie die Gründung von Nova Friburgo, diesmal im Jahr 1819.[143]

Aber in einer Hinsicht sind sich alle Wissenschaftler einig: alle sehen die Gründung der Kolonie São Leopoldo 1824 in RS als den wirklichen Beginn der deutschen Kolonisation in Brasilien an.

So auch Seyferth, die meint, dass dem so sei, weil dabei positive Ergebnisse erzielt wurden. 1829 wurden dann noch die Kolonien São Pedro de Alcântara und Mafra in SC und Rio Negro in PR gegründet, womit auch schon die erste Phase der Immigration zu Ende war.[144] Major Schäffer war der Anwerber für die Einwanderer von São Leopoldo und anderen Kolonien. Schneider meint, er habe bis zum Jahr 1830 6000 Menschen angesiedelt.[145]

Nach dem Farrapenkrieg, Seyferth nennt explizit die 40er Jahre des 19. Jahrhunderts, begann die Ansiedlung der Deutschen wieder. Zu einem Zeitpunkt, als darüber diskutiert wurde, wie man mehr Immigranten für Brasilien begeistern könne, wurde die Kolonisation Sache der Provinz: der Beginn der Arbeit der Kolonisationsgesellschaften und der Erlass von Gesetzen wie das Gesetz n. 601 von 1850, das vorsah, dass die Immigranten das Land aus eigenen Mitteln kaufen mussten, was das Ende der unentgeltlichen Konzessionen

---

nach PR oder in die großen Städten gingen.

141 Hehl: Einwanderungsgesetzgebung in Brasilien, hier: S. 277.

142 Seyferth: Imigração e cultura, S. 9.

143 Dies.: A Colonização Alemã no Brasil, hier: S. 276.

144 Ibid., S. 276f.

145 Schneider: Alemania y América, S. 143.

bedeutete.[146]

Im Nordosten der damaligen Provinz SC entstand eine Reihe von wohlhabenden Kolonien. Eine davon sollte das Beispiel für die deutsche Kolonisation in Südamerika überhaupt werden: Blumenau.[147] Später wird auf die private Kolonie Blumenau und ihre Entwicklung noch eingegangen. Zur gleichen Zeit entstand die von einer Kolonisationsgesellschaft gegründete Kolonie Dona Francisca, aus der die Stadt Joinville hervorgegangen ist.

Der Beginn der deutschen Einwanderung in das Itajaítal fällt zusammen mit der Gründung Blumenaus. In den nächsten Jahrzehnten siedelten sich Immigranten entlang des Itajaí-Açú Flusses an, bis sie 1900 nach Hammonia und Rio do Sul kamen. Zwischen 1900 und 1930 erreichten sie die oberen Nebenarme des Flusses. In die andere Richtung wurde 1860 in Brusque die Kolonie des brasilianischen Reiches gegründet, womit die Ansiedlung am Itajaí-Mirim begann. D'Amaral meint, dass 1849 die Kolonie Joinville entstand – und dass sie am Anfang einen anderen Namen trug, was oben schon erwähnt wurde. 1871 wurde in der Hochebene von SC São Bento gegründet, das mit den im Jahr 1897 erfolgten Gründungen von Jaraguá und Hansa-Humboldt verbunden wurde.[148]

Außerhalb des Südens hatten Deutsche daneben auch Anteil an der Gründung von Kolonien in ES, SP und MG. Aber vor dem Ersten Weltkrieg wanderten die meisten in den Süden ein und dann weiter ins Landesinnere, auf die Hochebene der drei südlichsten Bundesstaaten.[149] Im 19. Jahrhundert hatten die Kinder der Kolonisten nur dann eine Chance, wenn der Mann des Hauses dafür sorgte, dass sie Land bekamen – auch wenn es weiter entfernt vom eigenen Besitz war, denn das Land in der näheren Umgebung war normalerweise schon vergeben.[150]

Der stetige Zuwachs in den Kolonien, ebenso wie im Staat RS, ist nicht der

---

[146] Seyferth: A Colonização Alemã no Brasil, hier: S. 279.

[147] Schneider: Alemania y América, S. 144. Siehe auch: Hehl: Einwanderungsgesetzgebung in Brasilien, hier: S. 282: Die Gründung Dr. Blumenaus, „kann wohl als der erfolgreichste aller bis jetzt dagewesenen kolonisatorischen Erfolge in Brasilien bezeichnet werden, denn es entstand unter den ungünstigsten Bedingungen, mitten im Urwalde und in nicht unbedeutender Entfernung von einem kleinen Exporthafen, mit dem die Örtlichkeit durch einen Fluß von sehr zweifelhafter Schiffbarkeit verbunden war." Hier erscheint das Jahr 1851 als Gründungsdatum, auf das ich noch zurückkommen werde, aber vorab klarstellen möchte ich, dass diese Jahresangabe falsch ist. Dazu auch: Holanda: História Geral, S. 234: Der Apotheker Dr. Blumenau aus Braunschweig, sei einer der größten Kolonisatoren Südamerikas gewesen. Er meint auch, die besten Ergebnisse der Kolonisation in SC seien durch die kleinen Landwirtschaften in Blumenau, Brusque und Dona Francisca - später Joinville genannt – erzielt worden. Und zuletzt: Moltmann: Deutsche Siedelung in Süd-Brasilien, S. 17: meint auch, dass er der bedeutendste und erfolgreichste deutsche überseeische Kolonisator gewesen sei.

[148] Max Tavares D'Amaral: Contribuição à história da colonização alemã no Vale do Itajaí. São Paulo 1950, S. 71.

[149] Seyferth: A Colonização Alemã no Brasil, hier: S. 282.

[150] Dies.: Vale do Itajaí-Mirim, S. 81: Hier in Bezug auf Brusque.

„Nachwanderung" aus Deutschland zu verdanken, sondern im Wesentlichen dem eigenen sehr starken Nachwuchs der Einwanderer.[151]

Außerdem sollen den Einwanderern aus Deutschland falsche Informationen vorgelegen haben und deswegen waren die Kolonisten nicht auf die Realität des Landes vorbereitet. Sie mussten sich anpassen und lernen, wie man Land im Urwald urbar macht und wie man es bestellt. In Brasilien angekommen informierten sie sich darüber wahrscheinlich bei den Verwaltern der Kolonien, den Wirten oder in den deutschen Zeitungen.[152]

Die Gesetze und die Gewohnheiten erlaubten es den Deutschbrasilianern zumindest im ländlichen Bereich, abgesondert zu leben, was zur Folge hatte, dass sie sich sozial und kulturell keinen anderen Gruppen anpassen mussten.[153] Die Einwanderer lebten ein autonomes und auf sich gestelltes Leben: einerseits aufgrund der Regierung – Campos meint hier Staat wohl im Sinne von imperialistischer Regierung –, andererseits auf Wunsch der Immigranten selbst, sich zu verwirklichen.[154]

Es wird manchmal vergessen, dass den Immigranten in Südbrasilien einige Charakteristiken zugeschrieben werden, obwohl diese nicht der Eigeninitiative der Deutschen zu verdanken waren, sondern das Ergebnis der brasilianischen Regierung waren, die die Einwanderer Richtung Süden lenkte.[155] Die koloniale Gesellschaft Brasiliens entwickelte sich außerhalb der Metropolen und lebte unter sich in Abgeschiedenheit, weil die Verbindung zum politisch-administrativen System und auch zum Bildungssystem schwach war.[156] Die wichtigsten Charakteristiken, die den deutschen Immigranten zugeschrieben wurden, waren die Unfähigkeiten sich anzupassen und die portugiesische Sprache anzunehmen sowie die Bedeutung der Arbeit für sie und der Antrieb zum Erfolg.

Aber schon Herzog Caxias meinte, dass die Naturalisierung der Kolonisten von hoher Bedeutung sei. Leute wie Karl von Koseritz kämpften für die Rechte der Eingewanderten und für die brasilianische Staatsbürgerschaft. Doch erst die Proklamation der Republik

---

[151] Moltmann: Deutsche Siedelung in Süd-Brasilien, S. 39.

[152] Seyferth: Vale do Itajaí-Mirim, S. 56f.: So schildert die Forscherin die Lage in Brusque. Es mag sein, dass die Auswanderer oft nicht in Berührung mit der einschlägigen Literatur kamen, aber d.h. noch längst nicht, dass es sie nicht gab. Denn von Blumenaus Werken kann man nicht behaupten, dass sie die Lage und das Leben in der Kolonie Blumenau beschönigten.

[153] Luebke: Germans in the New World, S. 101.

[154] Cynthia Machado Campos: A política da língua na era de Vargas. Proibição do falar alemão e resistências no sul do Brasil. Campinas 2006, S. 88: Das Verhalten der Nachfahren der Immigranten als seien sie etwas Besseres, soll zu ihrer Absonderung geführt haben.

[155] Voigt: A Invenção do Teuto-Brasileiro, S. 208.

[156] Willems: A Aculturação dos Alemães, S. 105.

sollte dies ermöglichen.[157]

Von der Seite Deutschlands interessierte man sich bis Ende der 1850er Jahre nicht für die Ausgewanderten und deren Nachfahren. Denn zu dem Zeitpunkt gab es den deutschen Staat noch nicht und so fühlten sich die Deutschen als Bürger des Landes, in dem sie geboren worden waren. Erst unter der Leitung Preußens und des Deutschen Reiches entwickelte sich die Sorge um die Bewahrung des Deutschtums.[158]

Daher waren sich die meisten Ansiedler Südbrasiliens einig, dass sie politisch von Deutschland unabhängig sein mussten „und wiesen Träume von einem unabhängigen deutschen Freistaat, einem Neugermanien" zurück.[159] Nichtsdestotrotz fürchtete man sich in Brasilien davor, dass die deutschen Kolonien eine unabhängige Republik schaffen könnten, die politisch zum Deutschen Reich gehören würde. Diese Angst wurde dadurch geschürt, dass in den Schulen, Zeitungen, Freizeitaktivitäten und Hilfsorganisationen die gesprochene Sprache Deutsch war.[160] Und wann immer es um die „Deutsche Gefahr" ging, wurde die Notwendigkeit betont, staatlich unterstützte Schulen zu schaffen.[161]

Die Deutschbrasilianer errichteten verschiedene Institutionen, die die Kultur und die Ethnizität erhalten sollten – vor allem Kirche, Gesellschaft und Presse waren hiervon geprägt. Eine Situation, die sich wiederum auf die Familie auswirkte. All dies „trug dazu bei[,] die deutsche Sprache und Kultur zu bewahren und die Assimilation zu verlangsamen."[162]

Wie Dreher behauptet, lebten die Deutschen isoliert in einer ethnischen und sprachlichen Homogenität – von den verschiedenen Dialekten wohl abgesehen, sie waren freiwillige Arbeiter in einem Land, in dem sonst nur Sklaven die harte Arbeit erledigten. Hinzu kommt noch, dass die Lutheraner in eine marginale Lage gedrängt wurden, denn gesetzlich wurden sie nur geduldet: Artikel 5 der Reichsverfassung erkannte die Ehen nicht an, die Kinder waren daher unehelich – und hatten dadurch kein Recht auf Erbe und die Toten fanden keine Ruhestätte in den Friedhöfen.[163]

Trotz aller Probleme entschied sich die brasilianische Regierung im 19. Jahrhundert für die

---

[157] Dreher: O Estado Novo e a Igreja Evangélica Luterana, hier: S. 102.
[158] Ibid.
[159] Brunn: Deutschland und Brasilien, S. 125.
[160] Campos: A política da língua na era de Vargas, S. 145.
[161] Ibid., S. 148. Dieses Thema wird später noch intensiver behandelt.
[162] Luebke: Germans in the New World, S. 102.
[163] Dreher: O Estado Novo e a Igreja Evangélica Luterana, hier: S. 101f. Dazu: Seyferth: A Colonização Alemã no Brasil, hier: S. 278: Sie will an die daraus entstandene Diskussion über religiöse Freiheit und das Ende der weltlichen Macht der Kirche ein Interesse sehen, Einwanderer aus protestantischen Ländern anzuheuern.

Kolonisation, denn die Disziplin der Europäer war für das Wachstum der Wirtschaft des Landes und den Fortschritt sehr wichtig. Der Diskurs über die besondere Arbeitskraft und die Leistungen für die Entwicklung des Landes prägte sich dann auch in der Vorstellungswelt der Bevölkerung von SC ein.[164]
Um die Jahrhundertwende schrieb Faulhaber, dass die Deutschen mit der Ansiedlung in RS und SC, die zu diesem Zeitpunkt jeweils 75 und 50 Jahre zurücklag, „die Grundlage und Vorbedingung zu einer Kulturentwicklung für Südbrasilien und Südamerika gelegt" hatten, die zu seiner Zeit weiter geführt und ausgebaut werden müsste. Das liege im wirtschaftlichen Interesse der Einwanderer und der Bewohner des Landes.[165]
Diese Kulturaufgabe würde aber einen guten Teil des südlichen Südamerikas umfassen und da die Deutschen schon einmal den Anfang gemacht hatten, sollten sie es fortführen. So würde das Deutschtum nicht unter fremden Einfluss stehen und sie würden die deutsche Industrie und das Kapital für sich nutzen.[166] Dazu meinte er auch, dass die Kulturarbeit der germanischen Rasse die Beste sei und zusammen mit der Kolonisation wären beide – Kulturarbeit und Kolonisation – mindestens genauso so wichtig wie die Arbeit von anderen Rassen.[167] Hier muss hinzugefügt werden, dass Rasse zum damaligen Zeitpunkt ein gängiger Begriff war, so ist der Begriff mehrmals in der Literatur für diese Arbeit aufgetaucht und kann nicht gleichgesetzt werden mit Rassismus, obwohl dafür einige *Charakteristika* des Begriffs im heutigen Sinne vorhanden waren.

Es ist noch wichtig, den Unterschied zwischen ländlicher Gesellschaft und Kleinstadt anzusprechen. Kleinstädte waren beispielsweise São Leopoldo, Blumenau, Joinville, Brusque und São Bento:

> In such places they were able to evolve self-contained socioeconomic structures that included all the strata-rich entrepreneurs and professional persons at the top, supported by small merchants, clerks, skilled industrial workers, and at the lower levels, unskilled laborers and the farming population of the surrounding countryside. In some of the large coastal cities, most notably Porto Alegre, São Paulo, and Rio de Janeiro, where the Germans constituted a small fraction of the total population, they were still numerous enough to develop the complex of supporting voluntary organizations that gave coherence to their immigrant society. […]

[164] Campos: A política da língua na era de Vargas, S. 92f.
[165] Faulhaber: Deutschtum in Südbrasilien, hier S. 435: Seiner Meinung nach hatten die südlichsten Staates Brasiliens – „eine[s] der gesegnetsten Länder der Erde" – die besten Vorbedingungen für die Kolonisation: das Klima sei gut, es gäbe noch unbesiedelte Gegenden und Krankheiten in dem tropischen Land seien auch kein dauerhaftes Problem.
[166] Ibid, hier S. 436.
[167] Ibid., hier S. 437.

> Naturally they learned Portuguese much more rapidly. Assimilation in such a setting was relatively easy for persons so inclined.[168]

In den ländlichen Gebieten lebten meistens nur Kolonisten, wenn überhaupt dann noch ein Pastor, ein Lehrer, ein Kleinhändler und ein Handwerker. Normalerweise wurden diese Berufe aber von den Kolonisten selbst als Nebentätigkeit ausgeübt.

Größere Städte waren dagegen Orte, an denen sich viele Menschen mit den verschiedensten Berufen aufhielten und die unterschiedlichen Gesellschaftsschichten angehörten. Durch die fortgeschrittene Entwicklung kam es zu Kontakten mit Gesellschaften außerhalb der Eigenen und dies führte wiederum zu der Übernahme fremden Kulturguts, wodurch die Assimilation in Gang gesetzt wurde.

Unter den Einwanderern waren viele unterschiedliche Berufsgruppen und Menschen vertreten, von Handwerkern, Lehrern und politischen Flüchtlingen bis hin zu Wissenschaftlern wie Dr. Hermann Blumenau – später wird noch auf ihn eingegangen – und dem Naturforscher Fritz Müller, der auch in Blumenau wohnend in Kontakt stand mit dem nationalen Museum in Rio de Janeiro und Charles Darwin.[169]

4. Die Entstehung und Entwicklung Blumenaus

Es gab verschiedene Phasen der Einwanderung von Ausländern in das Tal des Itajaí, wo Blumenau liegt: 1850 kamen die Deutschen, 1860 die Schweizer, Belgier und Holländer, 1875 Italiener und Tiroler. Danach kamen Immigranten unterschiedlicher Ethnien als Konsequenz der brasilianischen Regierungspolitik gegen ethnisch homogene Kolonien. 1890 folgten dann Russen, Polen und Ungarn, was dazu führte, dass sich im Laufe der Jahre in Blumenau auf einem Gebiet von 10.375 km^2 mehrere sprachlich-kulturelle Gruppen ansiedelten und lebten.[170]

Am Anfang war die Kolonie Blumenau eine rein protestantische Gemeinde, danach wanderten Italiener und Polen ein und die Zahl der Katholiken stieg kontinuierlich an, auch durch die Ankunft von Brasilianern portugiesischer Herkunft, bis die Zahl der Katholiken die Zahl der Protestanten schließlich einholte.[171]

Dabei ist es auch wichtig, den Lebensweg des Begründers der Kolonie und späteren Stadt Blumenau zu kennen.

---

[168] Luebke: Germans in the New World, S. 102.
[169] Seyferth: Imigração e cultura, S. 59.
[170] Frotscher: Identidades Móveis, S. 29f.
[171] Willems: A Aculturação dos Alemães, S. 350.

4.1. Dr. Hermann Blumenau und sein Werk in Brasilien

Die Kolonie Blumenau war ein Werk Dr. Hermann Bruno Otto Blumenaus, der „am 26. Dezember 1819 in Hasselfelde im Harz als jüngstes Kind von Christiane Sophie und Carl Hermann Blumenau geboren wurde.“ 1840 schloss er die Ausbildung als Apotheker ab. 1846 beendete er das Studium der Chemie und erhielt die Abschlussurkunde der Universität Erlangen kurz vor seiner Abfahrt nach Brasilien. Damit konnte er in Brasilien als Apotheker oder Chemiker arbeiten, während er seine Idee von einer Koloniegründung verfolgte.[172]

Anfang 1844 fuhr er aus beruflichen Gründen nach London und lernte dort Johann Jakob Sturz, den brasilianischen Generalkonsul in Preußen, kennen, der Blumenaus Blick nach Brasilien lenkte.[173] Später änderte Sturz seine Meinung und machte dadurch von sich reden, dass er vor der Auswanderung nach Brasilien warnte. Sturz griff das Thema der Lenkung der Auswanderer wieder auf, „als er 1862 die Gründung eines „Centralvereins für deutsche Auswanderung und Colonisation“ anregte.“ Dies ging in die gleiche Richtung wie der „Berliner Verein zur Centralisation deutscher Auswanderung und Colonisation.“[174]

Anfang des Jahres 1846 reiste Blumenau nach Brasilien, dort „luden ihn Vertreter des Hamburger Verein zum Schutze deutscher Auswanderer in Rio ein, für den Verein zu arbeiten“, obwohl er auf Nachrichten einer Kolonisationsgesellschaft in Berlin wartete. Bis 1848 reichte er zwei Anträge im Namen des Vereins bei der Regierung der Provinz SC ein.[175]

Diese Reise war für seinen Lebensweg entscheidend, denn er sah in Brasilien die Möglichkeit, seine Träume in Bezug auf die Kolonisation zu verwirklichen, auch wenn ihn dies viel Mühe und Arbeit kosten sollte.

> Das ganze Brasilien ist ein überaus schönes, reizendes, von der Natur mit allen Schätzen

[172] Sabine Kiefer: Dr. Hermann Blumenau – Leben und Werk, in: Cristina Ferreira und Sueli Maria Vanzuita Petry (Hrsg.): Um alemão nos trópicos. Dr. Blumenau e a política colonizadora no sul do Brasil. Edição Especial Alusiva ao Centenário de Falecimento de Hermann Bruno Otto Blumenau 1899 – 1999. / Ein Deutscher in den Tropen. Dr. Blumenau und die Kolonisationspolitik in Südbrasilien. Sonderauflage zum 100. Todestag von Hermann Bruno Otto Blumenau 1899 – 1999. Blumenau 1999, S. 26-41, hier: S. 26.

[173] Kiefer: Dr. Hermann Blumenau, Zitat hier: S. 32. Siehe dazu auch: Silva: História Blumenau, S. 20: Er schrieb, dass Sturz später um Einwanderer für Chile warb und dazu beitrug, über Brasilien ein schlechtes Bild zu verbreiten. Siehe auch: Oberacker: Beitrag zum Aufbau, S. 242 u. 243: eine kurze Zusammenfassung Dr. Blumenaus Lebensweg.

[174] Bickelmann: Auswanderungsvereine, Auswandererverkehr und Auswandererfürsorge, hier: S. 195: „von vorrangigem Interesse waren nicht die Auswanderer und ihre Probleme, sondern die Vermeidung der durch ihren Abzug entstehenden Verluste. Aufgabe des Vereins und einer ihm anzugliedernden Zeitschrift sollte es daher sein, die Auswanderer in Gebiete zu lenken, wo sie deutsch blieben und sowohl als Konsumenten deutscher Exporterzeugnisse als auch Zulieferer preisgünstiger Rohstoffe dem Vaterland weiterhin nützlich sein könnten.“

[175] Kiefer: Dr. Hermann Blumenau, hier: S. 32.

> überreichlich gesegnetes Land – ein wahrer Diamant, dem nur ein tüchtiger Meister fehlt, ihn in das kostbarste Juwel der Welt umzuwandeln.[176]

Er musste das Land erst richtig kennenlernen, denn nicht alle seine Teile waren seiner Ansicht nach für deutsche Immigranten geeignet.[177]

Im Januar 1848 reiste er gemeinsam mit Ferdinand Hackradt in das Landesinnere von SC. Im Anschluss an die Reise kauften die beiden Ländereien und erhielten vom Provinzpräsidenten ein weiteres Landstück als Geschenk. Sie begannen sofort zu arbeiten.[178] Hehl schreibt darüber: „ das Land war gut, die Bewässerungsverhältnisse nach Wunsch und das Klima für den Nord-Europäer nicht unzuträglich."[179]

> Es bleiben mithin übrig, um deutschen Auswanderern empfohlen werden zu können: die Provinz Rio Grande do Sul, die Provinz Santa Catharina [...], und die Hochländer und Gebirgsabhänge der Provinz São Paulo, in denen der Ansiedler im Allgemeinen ein gesundes Klima, fruchtbaren Boden, großen Productenreichthum und gesicherten Absatz seiner Producte findet, und wo er, seiner Gesundheit halber, nur jene einzelnen Orte meiden muß, [...] und sich möglichst nahe bei schon angesiedelten Deutschen, einem guten Wege, schiffbaren Flüssen niederzulassen hat, um schnellen, sichern Absatzes seiner Producte gewiß zu sein.[180]

Nach seinen Reisen ist er zu dem Schluss gekommen, dass nicht ganz Brasilien für die Deutschen interessant war. Er persönlich entschied sich aus verschiedenen Gründen für SC und wollte dort eine Kolonie gründen.

Er kehrte im September 1848 nach Deutschland zurück und kümmerte sich um sein landwirtschaftliches Unternehmen, er kaufte Geräte und Pflanzen. Und er begann, im Bekanntenkreis für eine Auswanderung nach Brasilien zu werben.[181]

Im März 1850 kehrte er nach Brasilien zurück, fand aber das Unternehmen in einem desolaten Zustand, denn Ferdinand Hackradt hatte gekündigt.[182]

Nichtsdestotrotz kamen am 02. September 1850 die ersten 17 Einwanderer am Ufer des Itajaí-Açú Flusses an.[183] Er gründete eine Privatkolonie, um seine Ideen ohne

---

[176] Blumenau[1850]: Südbrasilien, Zitat hier: S. 48.
[177] Ibid.
[178] Kiefer: Dr. Hermann Blumenau, hier: S. 34.
[179] Hehl: Einwanderungsgesetzgebung in Brasilien, hier: S. 282.
[180] Blumenau[1850]: Südbrasilien, Zitat hier: S. 50: SC sei mit Ausnahme eines Dreiecks, nämlich das Stück Land, das zwischen den Flüssen Sahy Grande und São Francisco do Sul liegt, zu empfehlen.
[181] Kiefer: Dr. Hermann Blumenau, hier: S. 32-37. Die Gesellschaften in Hamburg und Berlin sind wohl nicht zustande gekommen, da er sie nicht mehr erwähnte.
[182] Ibid., hier: S. 36.
[183] Ibid. Dagegen: Fröschle: Einst und jetzt, S. 21; Holanda: História Geral, S. 234: Beide Wissenschaftler meinen fälschlicherweise es sei der 2. Dezember gewesen. Siehe auch: Funke: Brasilien. S. 382: der Autor stellte es so vereinfacht dar, dass man daraus verstehen kann, das Blumenau das erste Mal 1850, nach Brasilien kam und die 17 Einwanderer seien gleich mitgegangen. Darüber hinaus spricht er von den anfänglichen Misserfolgen und man könnte aus seinen Worten schließen, dass die Entwicklung der Kolonie

Unterstützung der Regierung oder einer Kolonisationsgesellschaft zu verwirklichen.
Dr. Blumenau meinte in seinem 1851 veröffentlichten Werk, dass durch die geringe Bevölkerungszahl Santa Catarinas Handwerker, Gewerbetreibende und Ackerbauern gute Chancen hätten, dort ein stabiles Leben zu erringen, Fabrikunternehmen hingegen würden keinen Absatzmarkt - außer er wäre mit dem Landbau verbunden – finden.[184]
“1858 wurde die Kolonie durch das Gesetz n. 461 vom 6. August zum Distrikt erhoben.“[185]
Die ersten zehn Jahre übernahm er die Verantwortung für den Aufbau der Kolonie. Er war Leiter der Kolonie und Verwalter der Finanzen, kümmerte sich um Landvermessung, Rodungsarbeit und öffentliche Bauten, war Ratgeber der Kolonisten und selbst Kolonist.[186]
Nach finanziellen Engpässen übernahm 1860 – genauer gesagt, am 13. Januar[187] – die Regierung die Kolonie und ernannte ihn zum Koloniedirektor.[188]
Auf sein Bestreben hin erhielt die Kolonie Blumenau, in der mittlerweile 14.000 Menschen lebten, am 04. Februar 1880 durch das Gesetz Nr. 860 die Stadtrechte. Verzögert durch ein Hochwasser wurde der Stadtrat erst im Januar 1883 einberufen, doch die Koloniedirektion löste sich auf. Im August 1884 kehrte er zurück nach Deutschland – die Familie war schon 1882 wegen der Erziehung der Kinder, ein Sohn sogar schon 1878 zurückgekehrt. Er starb am 30. Oktober 1899 in Braunschweig.[189]
Sein Leben lang blieb Blumenau seinem „Werk“ treu. Seine Situation in der Kolonie und späteren Stadt veränderte sich im Laufe der Jahrzehnte, aber sein Engagement für sie blieb stets erhalten, in guten wie in schlechten Zeiten.
Die Stadt entwickelte sich weiter: 1883 schrieb Zöller, dass es in Blumenau eine einzige Straße gäbe, die Häuser und die öffentlichen Gebäude dahingegen „recht stattlich“ seien, darunter zählte er das „Direktionshaus, das Hospital, die katholische, die evangelische Kirche u.s.w.“, Schul- und Verkehrswesen seien beklagenswert und die katholische Kirche würde sich in Blumenau mehr engagieren als die evangelische.[190]

---

nur durch die Beihilfe der kaiserlichen Regierung geschehen sei.
[184] Blumenau [1851]: Leitende Anweisungen, Zitat hier: S. 182.
[185] Paulo Malta Ferraz: Apontamentos para a história da colonização de Blumenau 1850-1860. São Paulo 1949, S. 20.
[186] Kiefer: Dr. Hermann Blumenau, hier: S. 36.
[187] Hugo Zöller: Die Deutschen im Brasilianischen Urwald. Bd. 2, S. 73.
[188] Kiefer: Dr. Hermann Blumenau, hier: S. 38.
[189] Ibid., hier: S. 40.
[190] Hugo Zöller: Die Deutschen im Brasilianischen Urwald. Bd. 2, S. 75, 78, 92 und 108: Zöller meinte, die zwei südlichsten Provinzen Brasiliens seien für die Deutschen besser als Nordamerika oder Australien. Er schrieb, die deutschen Kolonien müssten sich unter der deutschen Flagge entwickeln und solange dies nicht möglich sei, müsste die Auswanderung gelenkt werden. Es waren deutliche Worte für einen Anschluss an das Deutsche Reich.

4.2. Die Entwicklung Blumenaus: von der Kolonie zur Stadt

Schneider meint, dass der Apotheker Dr. Hermann Blumenau aus Braunschweig nicht nur vom brasilianischen Generalkonsul Johann Jakob Sturz, sondern auch vom Naturforscher Karl von Martius auf Brasilien aufmerksam gemacht wurde. Daraufhin soll er schon 1846 nach Brasilien ausgewandert sein, denn 1848 bewilligte die Regierung der Provinz SC eine Konzession von 220 km^2 Urwald am Fluss Itajaí-Açú.[191]

In den Quellen lässt sich aber keine entsprechende Aussage finden, denn die erste Reise im Jahr 1846 galt wohl eher dem Land und die damit verbundenen Möglichkeiten kennenzulernen und abzuschätzen.

Der Anführer der ersten 17 Immigranten, die am 2. September ankamen, war Dr. Blumenaus Neffe Reinhold Gärtner. Die kleine Anzahl zeugt von den Anfangsschwierigkeiten eines solchen Unterfangens, die sich bestätigen sollten, da nicht viel für ihre Ankunft getan worden war; Hackradt hatte die Partnerschaft mit Blumenau aufgegeben und ihn angeblich in Geldnot und mit Schulden zurückgelassen. Unter ihnen waren nicht nur Kolonisten, sondern auch ein Landvermesser, ein Zimmermann, ein Schreiner und ein Tierarzt – der als Arzt dienen sollte. Es waren beide Geschlechter vertreten bzw. auch Familien mit Kindern darunter.[192]

In Blumenau ist es auch wichtig, kurz die Indianerfrage anzusprechen. Die Indianer waren die ersten Bewohner Brasiliens und blieben lange Zeit die einzigen Bewohner des Urwaldes in SC. Diese Situation veränderte sich schlagartig, als die Einwanderer sich im Wald niederließen.

Der Staat mischte sich nicht ein, denn es war eine ausweglose Situation: auf der einen Seite sahen die Indianer die Einwanderer als Eindringlinge, auf der anderen Seite sahen sich die Kolonisten als Träger der Zivilisation.[193] Auf dieses Thema kann leider nicht weiter eingegangen werden.

Gleich in den ersten beiden Jahren, in denen die ersten Immigranten ankamen, ließ Dr. Blumenau zwei – eingangs erwähnte – Berichte über die Regionen und die Anweisungen

---

[191] Schneider: Alemania y América, S. 145. Dagegen: Fröschle: Einst und jetzt, S. 21; Holanda: História Geral, S. 234: auch hier sind beide Autoren wieder gleicher Meinung, nämlich dass Blumenau schon 1846 aus- bzw. eingewandert sei, obwohl die anderen angegebenen Daten mit Schneider übereinstimmen.

[192] D'Amaral: Contribuição à história, S. 13f.

[193] Prien: Evangelische Kirchenwerdung, S. 53.

für die Kolonisation veröffentlichen. Beide sollten dazu dienen, die Leute zu informieren, die eine Auswanderung aus Europa in Richtung Brasilien auf sich nehmen wollten.
Eine Tatsache, die zu erwähnen ist, da sie zu Verwirrungen führte, hängt mit dem Gründungsdatum Blumenaus zusammen. Wie D'Amaral schildert, war das Gründungsdatum bis 1899 der 28. August 1852: der Tag, an dem die Kolonie eine bestimmte Eigenständigkeit erreicht hatte. Die Munizipalkammer verschob es dann auf den 2. September 1850, also den Tag, an dem die ersten 17 Immigranten ankamen.[194]
Schon im Jahr 1859 wurde der erste Schützenverein gegründet. Castro schreibt, dass es die drittwichtigste Angelegenheit im Leben der Kolonie nach Familie und Kirche war.[195] Denn, wie Funke es darstellte, kann ein Deutscher nicht ohne Vereine leben.[196]
Der deutsche Kolonist fand keinen Ersatz für die zurückgelassenen Gewohnheiten vor und isoliert von der brasilianischen Kultur lebte und entwickelte er in Brasilien seine mitgebrachten Sitten und Bräuche weiter, um sein Habitat neu zu erzeugen.[197]

Am Anfang gab es große Schwierigkeiten, die überwunden werden mussten: die Urbarmachung des Urwaldes, die feindlichen Indianer und die wilden Tiere waren nicht wegzudenkende Gefahren. Außerdem war der Fluss, der damals den einzigen Weg bot um überall hinzukommen, nicht immer zuverlässig.[198]
Nach Castro war der Fortschritt der Kolonie von einem Weg Richtung Westen abhängig, denn die 50 Kilometer des Itajaí-Açú bis zur Mündung waren auf natürliche Weise schiffbar. Jenseits des Gebirges müsste man die Hochebene erreichen, um dann von dem Handel zwischen RS und SP im Innern der Provinz zu profitieren.[199]
Im Jahr 1907 schrieb Wettstein, dass die Straße von Blumenau Richtung Hochland vom Staat erhalten werden müsste, dies aber nicht geschah und so müsste die Stadtverwaltung

---

[194] D'Amaral: Contribuição à história, S. 17. Siehe auch: Hugo Zöller: Die Deutschen im Brasilianischen Urwald. Bd. 2, S. 73: Auch er gibt den 28. August 1852 als Gründungsdatum an, aber er erwähnte überhaupt nicht die ersten zwei Jahre. Worauf ich schließe, dass er davon nicht wusste. Dazu auch: Fouquet: Einwanderer und Nachkommen 1974, S. 34. Er sieht im Tausch des Datums ein Unrecht gegenüber Dr, Blumenau, der sich für das erste Datum entschied.
[195] Olaf Gaudig und Peter Veit: Hakenkreuz über Südamerika. Ideologie, Politik, Militär. Berlin 2004, S. 82. Siehe dazu die Begriffserklärung am Anfang dieser Arbeit.
[196] Funke: Brasilien, S. 422.
[197] D'Amaral: Contribuição à história, S. 71.
[198] Ferraz: Apontamentos, S. 18 und 22f. Dazu auch: D'Amaral: Contribuição à história, S. 7: Der Itajaí-Açú mit seinen Nebenarmen ist der größte Fluss der Küste Santa Catarinas. Seine 196 Kilometer decken die Region von den Anfängen der beiden Gebirgsketten – die Serra do Mar und die Serra Geral – bis zum Ozean ab und dienten somit als Weg zum Absatz der lokalen Produkte bis zum Hafen in Itajaí.
[199] Moacir Werneck de Castro: Missão na Selva. Emil Odebrecht (1835-1912), um Prussiano no Brasil. Rio de Janeiro 1994, S. 43.

einschreiten.[200] D.h. aber, dass es zumindest schon eine richtige Straße gab, die den Einwohnern diente.

Trotz aller Schwierigkeiten war es dem Koloniegründer Blumenau wichtig, dass die Kinder Bildung erhielten. So schrieb er in dem Werk von 1851, dass die Familien Materialien für den Unterricht der Kinder mitbringen sollten: zum Lesen, Schreiben, Rechnen und für die Religion z.B. Andachtsbücher.[201]

Ferraz meint, dass Blumenau in den ersten Jahren den Menschen aus der Bibel vorlas. Der Autor gibt das Jahr 1853 als Gründungsdatum der ersten privaten Schule in der Kolonie an, die unter der Leitung eines gebildeten Lehrers stand, nämlich des gerade angereisten Victor von Gilsa. D'Amaral hingegen meint, es sei ein Mann namens Ostermann gewesen, der von da an auch den Gottesdienst leitete. Beide Autoren sind sich einig, dass der erste Pastor Oswald Hesse war, der im Jahr 1857 in Blumenau ankam und laut D'Amaral von der imperialistischen Regierung bezahlt wurde.[202]

Auch Prien berichtet davon, dass der Vertreter Dr. Blumenaus Lehrer Ostermann war, der die Kinder auch in Religion unterrichtete und am 12. Oktober 1854 die ersten zwei Taufen vollzog, da es keinen Kirchenmann gab.[203]

Die Anmerkung über die kaiserliche Bezahlung für einen evangelischen Kirchenmann klingt merkwürdig, denn noch 1850 schrieb Dr. Blumenau, dass der Katholizismus die Staatsreligion sei und dass für alle anderen der Gottesdienst zwar öffentlich erlaubt sei, aber mit der Einschränkung, dass die Gotteshäuser nicht die äußere Form von Kirchen haben durften.[204] Nichtsdestotrotz bekam Dr. Blumenau die Zusage von der kaiserlichen Regierung für die Besoldung eines evangelischen Pfarrers: Hesse kam im Jahr 1857 und arbeitete 22 Jahre lang am Aufbau der Kirche im Tal des Itajaí.[205]

Hesse verstarb am 25. November 1879 und sein Nachfolger wurde Heinrich Sandreczki, der vorher Pfarrer in Brusque gewesen war. „Am 1. August 1889 legte Sandreczki sein Amt nieder und siedelte nach Nord-Amerika über. Der Kirchenvorstand wandte sich nun an den Oberkirchenrat in Berlin". Es wurde Hermann Faulhaber geschickt. Er war gebürtig

[200] Wettstein: Brasilien und die Kolonie Blumenau, S. 90.
[201] Blumenau [1851]: Leitende Anweisungen, Zitat hier: S. 228.
[202] Ferraz: Apontamentos, S. 18 und 26; D'Amaral: Contribuição à história, S. 26. Siehe auch: Silva 1950. S. 15: er schrieb, dass die erste öffentliche Schule 1855 unter der Leitung Ostermanns gegründet worden sei. Der Zeitpunkt zu dem Pastor Hesse schon den Gottesdient in Blumenau abgehalten haben soll und später von der Kolonie bezahlt worden sein soll.
[203] Prien: Evangelische Kirchenwerdung, S. 79.
[204] Blumenau[1850]: Südbrasilien, hier: S. 54.
[205] Prien: Evangelische Kirchenwerdung, S. 79.

aus der Provinz Posen, hatte an der Universität Halle studiert und war bis dahin Vikar in Reideburg bei Halle a.d. Saale. Er trat sein Amt am 1. Dezember 1889 an. In ihm fand die Stadt „ein[en] gute[n] Redner und ein[en] tüchtige[n] Schulmann, dem die ‚Neue Schule' die er leitete, viel verdankt."[206]

Genau so einen Menschen brauchte die Gemeinde Blumenau zu diesem Zeitpunkt: einen Mann der sich für Kirche und Schule engagierte. Denn:

> Ein wesentlicher Nachtheil Südbrasiliens im Verhältniß zu Nordamerika und Südaustralien ist daß protestantische Einwanderer zum Theil gar nicht, zum Theil nur sehr schwierig ihrem religiösen Bedürfnisse[n] genügen und ihren Kindern Religions- und Schulunterricht zukommen lassen können und erst eine stärkere deutsche Einwanderung wird diesen Nachtheil ausgleichen.[207]

Was das Schulwesen betrifft, kam im Jahr 1853 der erste gebildete Lehrer an, denn in Brasilien konnte man nicht viel vom damaligen Bildungssystem erwarten.

> Der Elementar-Unterricht ist in Brasilien unentgeldlich, aber das Schulwesen liegt noch sehr im Argen, da es überall an Geld fehlt zur Besoldung der Lehrer; wo aber auch Schulen sind, werden sie nur schlecht und unregelmäßig besucht, wovon leider viele deutsche Ansiedler hinsichtlich ihrer Kinder keine Ausnahme machen.[208]

Es gab in Brasilien zwar ein unentgeltliches Bildungssystem, das aber in Bezug auf Qualität zu wünschen übrig ließ. In den Orten, die nur von Deutschen bewohnt wurden, gab es keine öffentlichen Schulen, denn in diesen wurde Portugiesisch gelernt, das von den Deutschen in den abgelegenen Gebieten grundsätzlich nicht verstanden wurde. In größeren Siedlungen, die sich weiter entwickelten, zogen auch Angehörige anderer Nationalitäten als Deutsche hin.

1867 gewann Dr. Blumenau für die Kolonie Blumenau die Pariser Weltausstellung und damit ein Zertifikat, eine Goldmedaille und 10.000 Franken – Geld, das erst Jahre später ausgehändigt werden sollte. Damit konnte Dr. Blumenau für sein Werk werben.[209] Denn Werbung in Europa war für die Kolonisation in Brasilien von Bedeutung.

Am 16. Januar 1877 wurde die Schule São Paulo gegründet, die vor allem den katholischen Kindern dienen sollte, die aber jedem offenstand. Die evangelische Kirche konnte nicht mithalten, worüber die Leute unzufrieden waren. Aber auch sie folgte den Richtlinien des Koloniegründers und jetzigen Direktors, d.h. dass die evangelischen Gemeinden neue

---

[206] EZA 5/2488 zu den deutschen evangelischen Gemeinde zu Blumenau, Gaspar, Belchior und Russland. Von 1903, Enddatum nicht angegeben, Zitat: Bericht des deutschen Aussiedlers von November 1907 „zum 50 jährigen Jubiläum der evangelischen Gemeinde in Blumenau."

[207] Blumenau[1850]: Südbrasilien, Zitat hier: S. 118.

[208] Blumenau[1850]: Südbrasilien, Zitat hier: S. 56.

[209] Silva: História Blumenau, S. 22. Siehe auch: D'Amaral: Contribuição à história, S. 31.

Kirchen und Schulen erbauten, dort wo sich Leute ansiedelten.[210]

1883 beschwerte sich Pater José Maria Jacobs aus Blumenau, dass er eine Gemeinde von 5.500 Leuten hatte, die in 24 voneinander weit entfernten Orten verstreut war. Er meint, es sei wohl die ärmste der Diözesen, da nur 1% der Leute ihre eigene Kleidung kaufen könnte und daher kein Geld für Kirche und Schule hätte. Die Schule *Colégio Central de São Paulo*, vor mehr als sechs Jahren gegründet, bestehe von seinen eigenen Geldern und von den Eltern, die es sich leisten konnten, den Beitrag zu entrichten.[211]

Es ist leider nicht ersichtlich, wie viele dieser Leute Deutsche waren und wie groß der Anteil derer war, die anderen Ethnien angehörten. Aber es ist bemerkenswert, dass er von so vielen Armen sprach. Obwohl er auch von den Leuten sprach, die besser gestellt waren.

Auch Faulhabers Ansicht nach waren um die Jahrhunderte „[d]ie Hauptfaktoren für die Erhaltung des Deutschtums [...] Kirche, Schule und Presse. Bei den großen Schwierigkeiten, welche sich diesen drei Faktoren immer wieder entgegenstellten“ sah er es als eine heilige Pflicht des Mutterlandes, „helfend und fördernd einzugreifen“, insofern dies möglich war.[212]

Am 4. Februar 1880 wurde Blumenau zur Stadt erhoben, aber erst am 10. Januar 1883 wurde die Munizipalkammer eingesetzt. Die Regierung schaffte dazu noch im Jahr 1886 einen Verwaltungsbezirk, der aber erst 1890 besetzt wurde.[213]

Der Stadtplatz von Blumenau wurde wirtschaftlicher Mittelpunkt für die anderen Orte, die im Tale des Itajaí und seiner Zuflüsse entstanden sind: Indaial, Badenfurt, Testo, Pomerode, Warnow und Neisse.[214] Noch 1907 meinte Wettstein, dass es auch so bleiben würde, bis die anderen vorhandenen Wege besser befahrbar wären. Diese natürliche Lage müsste nur für den Handel ausgenutzt werden. Außerdem sei Blumenau schon „das zweitwichtigste Munizip“ des Bundeslandes.[215]

---

[210] D'Amaral: Contribuição à história, S. 28f.

[211] W.J. Wandall [1883]: Ensino Público e Particular em Blumenau, in: Blumenau em Cadernos 34/7 (1993), S. 214-216. Siehe alle drei Seiten. Der Verfasser dieser drei Seiten gibt den Teil eines Briefes wieder, den Pater José Maria Jacobs an Pater José Hehn, den Rektor des Seminars in Rio de Janeiro, am 23. Februar 1883 schickte. Der Brief wurde dem Buch *Vida Franciscana* von September 1933 entnommen. Er sprach auch die Tatsache an, dass Kinder von deutschen, italienischen, französischen, englischen und polnischen Kolonisten in der aus 130 Kindern bestehende Schule Unterricht erhielten.

[212] Faulhaber: Deutschtum in Südbrasilien, Zitat hier: S. 438: Ohne dabei Verdächtigungen im politischen Bereich zu erwecken.

[213] Castro: Emil Odebrecht, S. 35, 146 und 152.

[214] Moltmann: Deutsche Siedelung in Süd-Brasilien, S. 35.

[215] Wettstein: Brasilien und die Kolonie Blumenau, S. 133: Der Autor betonte, die Nativisten hätten nicht das nötige Geld für eine Straße Richtung Hochland gegeben, weil der Kontakt „den rein deutschen Charakter“ zerstört hätte. Nativisten ist hier wohl im Sinne vom Alldeutschen Verband zu verstehen und nicht im politischen Kontext Brasiliens, wo es der Anpassung der Deutschen an Brasilien dienen würde.

Ein Beispiel dafür, wie wichtig die Stadt wurde, ist die Tatsache, dass Blumenau 1909 die erste Stadt im Bundesland Santa Catarina war, die das öffentliche Straßenlicht bekam – noch vor der Hauptstadt Florianópolis.[216] Und Anfang des 19. Jahrhunderts wurde die Hafenstadt Itajaí der größte Warenumschlagplatz für Produkte aus Blumenau.[217]
Die interne Kolonisation Blumenaus, also die demographische Ausbreitung um das Gebiet in Besitz zu nehmen, wurde als Faktor für die ökonomische Entwicklung gesehen und dementsprechend von der Regierung und von privaten Interessenten vorangetrieben. Dabei wurde der indigenen Bevölkerung keine Beachtung geschenkt und sie ließen auch keine ökologischen Bedenken aufkommen.[218]
Am Anfang des 20. Jahrhunderts beschwerte sich Wettstein, dass Blumenau einer der wenigen Orte sei, der die Erhaltung der Kultur betriebe. Für die Weiterbildung des Volkslebens sei aber die Unterstützung des Mutterlandes wichtig. Doch gäbe es in Blumenau einen starken Hang zur Geselligkeit mit Theatern, Schützenvereinen, Gesangvereinen, Turnverbänden u.a.[219] Wettstein meinte, dass die Deutschbrasilianer sich anpassen müssten: „sie bleiben ein Teil ihrer Abstammung und Vergangenheit, aber sie werden zugleich ein Teil ihrer Umgebung“.[220]
Auch Faulhaber meinte, dass das Deutschtum sich im Ausland, vor allem in Brasilien, im Laufe der Zeit veränderte. Nichtsdestotrotz gab es seiner Meinung nach wohl kein anderes Gebiet auf der Erde, wo eine so große Gegend von Deutschen besiedelt wurde und wo sich das Deutschtum so rein erhalten hatte wie in Südbrasilien,[221] ohne dass die Eingeborenen verdrängt oder vernichtet worden wären.[222] Von den Indianer wohl abgesehen.

5. Hermann Faulhabers Leben und Werk und die lokale Gesellschaft in Blumenau zu seiner Zeit

Interessanterweise gab es zwei Pastoren gleichen Namens. Der Faulhaber meiner Arbeit ist nicht mit dem gleichnamigen Pastor, der in RS einwanderte und in Oberackers Werk vorkommt, zu verwechseln.[223]

[216] Castro: Emil Odebrecht, S. 178.
[217] Funke: Das östliche Südamerika, S. 31.
[218] Frotscher: Identidades Móveis. S. 44.
[219] Wettstein: Brasilien und die Kolonie Blumenau, S. 228 und 231.
[220] Ibid, S. 232.
[221] Faulhaber: Deutschtum in Südbrasilien, Zitat hier: S. 437.
[222] Ibid., Zitat hier: S. 438.
[223] Oberacker: Beitrag zum Aufbau, S. 336: „Hermann Faulhaber, der am 19. April 1877 zu Triensbach (Kreis Crailsheim in Württemberg) geboren wurde, hatte bevor er im Jahre 1902 als evangelischer Pfarrer nach Neu-Württemberg kam, Theologie studiert und zwei Jahre die Kolonialschule in Witzenhausen besucht.

Der Auswanderer Hermann Faulhaber, der nach Blumenau einwanderte, ist in den von mir analysierten Werken von Oberacker, Fouquet und Senna nicht zu finden – zumindest wurde er nicht direkt in diesen Werken, die die wichtigsten Personen und Beiträge der Deutschen und deren Nachfahren zusammenstellen, erwähnt. Hiermit bestätigt sich mein Eindruck, dass er nicht zu den wichtigsten Persönlichkeiten gehörte, die einen Beitrag zur brasilianischen Gesellschaft leisteten – auch wenn diese Forscher keine vollständige Liste der betreffenden Persönlichkeiten erstellten.

Und doch war er für die Entwicklung Blumenaus von Bedeutung, Ferreira da Silvas beschreibt es mit folgenden Worten:

> Faulhaber war eine interessante Persönlichkeit, mit einer hervorstechenden Beteiligung an dem kulturellen Leben Blumenaus. Seitdem er von dem Hauptsitz der Gemeinde des Munizips eingestellt wurde, kam er im Jahr 1889 hier her und entwickelte eine außergewöhnliche Aktivität, die dazu anhält festgehalten und gepriesen zu werden.[224]

Hermann Faulhaber wurde am 1. Dezember 1889 in Blumenau in sein Amt eingesetzt. Er organisierte den Verein der Lehrer und der Schulgemeinden. Ihm verdankt man auch die Errichtung der Kirche in Itoupava-Central.[225]

Er wanderte in Brasilien als Pastor ein, beschränkte sich aber nicht auf dieses Gebiet. Er wurde auch Herausgeber einer Zeitung, Lehrer der Neuen Schule und Schulleiter – dazu später mehr. Er war eine äußerst aktive Person. Doch bevor ich auf seine Tätigkeiten in Brasilien eingehe, ist es wichtig, seinen Werdegang bis dahin zu betrachten.

5.1. Faulhabers Leben in Deutschland und die Auswanderung nach Brasilien als Kirchenmann

Karl Hermann Robert Faulhaber ist in Pudewitz am 28. April 1863 in der Provinz Posen als Sohn des Chauffeeaufsehers Heinrich Faulhaber und Johanna, Geborene Otto geboren und starb in Trebbin am 9. Februar 1920. Er wurde am 9. Oktober 1889 ordiniert und noch im gleichen Jahr wanderte er nach Brasilien aus – das Land, in dem er bleiben sollte bis zu seiner Rückkehr nach Deutschland 1906. 1907 wurde er in sein Amt in Himmelpfort im Kreis Templin eingesetzt. 1920 war er in der Diakonie in Trebbin, Kreis Zossen, tätig.[226]

Als ihm Hermann Meyer 1909 das Amt des Koloniedirektors anvertraute, gab sich Faulhaber der neuen Aufgabe, die ihm bald zur Lebensaufgabe wurde […] hin."

[224] Silva: Imprensa, S. 26.

[225] Hans Methner: A Comunidade Evangélica de Blumenau, in: Comissão de Festejos (Hrsg.): Centenário de Blumenau. 1850 – 2 de setembro – 1950. Blumenau 1950, S. 277-283, hier: S. 281.

[226] Evangelisches Pfarrerbuch für die Mark Brandenburg seit der Reformation. Bearb. Von Otto Fischer. Berlin 1941, S. 194.

Er besuchte die Elementarschule zu Santomischel in der Provinz Posen. 1878 kam er in die Tertia des königlichen Gymnasiums zu Schrimm, auch in der Provinz Posen. Nach bestandenem Abiturientenexamen an Ostern 1883 verließ er das Gymnasium mit dem Zeugnis der Reife. Am 20. April 1883 immatrikulierte er sich an „der königlich Preußischen vereinten Friedrichs Universität Halle – Wittenberg". Für sieben Semester war er dort: im ersten Semester an der philologischen Fakultät, „seit dem 4. August 1883 aber bin ich bei der theologischen Fakultät eingeschrieben gewesen und habe sechs Semester hindurch theologische Vorlesungen gehört."[227] Der Rektor und Senat der königlichen Universität Halle-Wittenberg bekundete Faulhabers Abgangszeugnis 1886.[228]
Nun kam dieser gebildete junge Mann in ein Land, das ganz anders war als Deutschland und in vielerlei Hinsicht noch Ende des 19. Jahrhunderts rückständig war.

Am Anfang der Kolonisationsgeschichte in den ländlichen Regionen Brasiliens war der Pastor auch gleichzeitig Lehrer der Kolonisten, d.h. die schulische Bildung der Kinder wurde durch ihn sichergestellt. Erst später dann kamen die Lehrer,[229] da in den Siedlungen die Verhältnisse noch ziemlich rückständig waren.[230] Funke berichtet von dem „Pseudopfarrertum" – also Männer, die nicht ordiniert waren –, und von Lehrern, die nicht Pädagogen waren.[231] Noch 1907 betonte Wettstein, dass Schule und Kirche zwar gemeinsam arbeiteten, dass aber Geld und Personal wichtig sei, da sonst jeder, der ein wenig Bildung besaß, als Lehrer arbeiten konnte. In Brasilien war der Mangel an Geldmitteln für die Schulen immer ein Problem, in Blumenau sowie in SC, letztendlich aber schlimmer im restlichen Brasilien.[232]
Selbst Dr. Blumenau schrieb 1866, dass die Kolonisten Kirche, Schule, Pastor und Lehrer haben wollten, ohne dafür einen Beitrag zu leisten, denn sie seien faul und könnten sich nicht aufopfern. Er ging so weit zu behaupten, dass die Katholiken sich mehr engagierten als die Protestanten. Eine nicht weit verbreitete Meinung, die Klug in seinem Werk

---

227 EZA 14/22798 zu Karl Hermann Robert Faulhabers Personalia, Zitat: Curriculum Vitae, datiert auf den 10. November 1886 in Wörmlitz. Ohne Angabe von Seitenzahlen in der Akte.
228 Ibid.,: Bekundung vom Rektor und Senat der königlichen Preußischen vereinten Friedrichs-Universität Halle-Wittenberg.
229 Campos: A política da língua na era de Vargas, S. 253. Siehe auch: Voigt: A Invenção do Teuto-Brasileiro S. 69: Dennoch meint Voigt, dass es auch Schwierigkeiten dabei gab, die deutschen Schulen in diesen Regionen zu akzeptieren, weil die Bildung dort kein so hohes Ansehen hatte wie in Deutschland.
230 Wilhelm Lacmann: Ritte und Rasttage, S. 64.
231 Funke: Das östliche Südamerika, S. 406: Denn die Kolonisten hätten sich aus finanziellen Gründen teilweise geweigert, sich den brasilianischen Synoden und dem evangelischen Oberkirchenrat anzuschließen.
232 Wettstein: Brasilien und die Kolonie Blumenau S. 243f.

darstellte, weil es ein wichtiger Gegensatz zu dem ist, was sonst immer behauptet wird.[233] Obwohl die Zahl der Deutschen im Itajaítal, im Jahre 1898 schon 30.000 betragen haben soll[234], war auch Blumenau, das schon viel größer war als andere Orte, ein Beispiel dafür, dass der Pastor gleichzeitig auch Lehrer sein konnte oder sollte.

Denn nach den Worten Lacmanns hatte sich die deutsche Sprache in Blumenau erhalten, obwohl es schon zu einer bestimmten Hybridität der Sprache gekommen war und bestimmte „Daseinsbedingungen“ sich verändert hatten.[235] Dennoch mussten die Lehrer und Pastoren Deutsch sprechen und wenn möglich auch Portugiesisch, aber solche gebildeten Personen waren schwerlich in Brasilien zu finden, weswegen sie aus Deutschland kommen sollten. Aber auch das Schulmaterial musste von dort kommen.

Am 16. Juli 1891 schilderte Faulhaber dem evangelischen Verein der Gustav-Adolf-Stiftung die Situation der Kolonie, obwohl die Kolonie schon zur Stadt erhoben worden war – im ganzen Gebiet waren nur drei evangelische Geistliche anwesend: „Unsere Bezirke sind bei der Weitläufigkeit und Entfernung der Kolonieloose sehr groß und machen große Reisen notwendig.“ Er selbst musste an acht Orten Gottesdienst halten, davon waren zwei Orte 40 und einer 52 Kilometer von dem Pfarrhaus entfernt. In einem Jahr soll er in seiner Gemeinde 5878 Kilometer geritten sein. Seine Bitte war, dass der Evangelische Verein der Gustav-Adolf-Stiftung „irgendwelche Bücher zur Versorgung der Einwandernden zusenden, [...] seien [es] nun Gesang- Gebet-oder Predigtbücher oder irgend andere Schriften“ sollte. Es gab im ganzen Bundesland SC neun evangelische Gemeinden und „eine Zusammenkunft dieser ist jährlich höchstens einmal möglich, aber immer noch fraglich.“ Er schreibt, dass ein von den Geistlichen geleitetes Organ wichtig wäre und bittet um „Rat und Tat zur Förderung und Stärkung“,[236] d.h. die Übernahme der Kosten, das ein solches Unterfangen mit sich bringen würde.

Brunns Literatur und Quellen zufolge half der evangelische Oberkirchenrat in Berlin ab 1902, indem er Lehrer und finanzielle Beiträge nach Brasilien entsendete. Die Mittel waren aber bescheiden und die höchsten Zuwendungen bezogen die Schulen in Petrópolis, Blumenau und Rio de Janeiro. Dadurch, dass die deutschen Behörden das Schulwesen in

---

[233] João Klug: Imigração e Luteranismo, S. 82f.

[234] Moltmann: Deutsche Siedelung in Süd-Brasilien, S. 35.

[235] Wilhelm Lacmann: Ritte und Rasttage, S. 61, 64 und 67. Mit der Sprache bewahrten sich auch die deutsche Kultur und ein Zusammengehörigkeitsgefühl, obwohl der Autor bei den Jüngeren schon eine Ablehnung des Volkstums vermutete.

[236] EZA 200/1/2030 zu der Unterstützung der Evangelischen Gemeinde Blumenau in Südbrasilien. Vom Central Vorstand des Evangelischen Vereins der Gustav-Adolf Stiftung ab 1866, Zitat: „Einheit“ 7: Brief vom 16. Juli 1891 von Faulhaber aus Blumenau an den Evangelischen Verein der Gustav-Adolf-Stiftung.

Brasilien unterstützten, interessierten sich auch die brasilianischen Behörden dafür, als Folge der Theorie, dass eine Gefahr für Brasilien von den ethnischen Minderheiten ausgehen würde.[237]

Die pädagogische Orientierung kam auch aus Deutschland – dadurch, dass beim Oberkirchenrat nach Pastoren gefragt wurde, die auch lehren konnten –, die in Brasilien durch Bildungsvereine und lokale Auflagen wie z.B. die Lehrerzeitung aus Porto Alegre weitergeleitet wurde. Und nur die Schulen, die Verbindungen zu Kirchen hatten, erhielten gebildete Lehrer.[238]

Irgendwann muss Pastor Faulhaber nach Berlin geschrieben haben, um nach einem Lehrer zu fragen. Denn am 18. November 1899 wurde eine Antwort auf sein Gesuch vom 24. August 1899 verfasst. Barnhausen schrieb, dass sie „eine geeignete Lehrkraft für die dortige Schule“ suchten, aber ohne Erfolg. Sie übernahmen „grundsätzlich die Berufung von Lehrern für ausländische Gemeinden nicht mehr“. Noch einen Monat später, am 15. Dezember, war die Suche erfolglos. Aufgrund des geringen Gehalts einen „Lehrer zu gewinnen, welcher bereits beide Lehrerprüfungen bestanden hat, ist als ausgeschlossen zu betrachten.“ Es folgte trotzdem noch eine Liste von Empfehlung, wo man einen Lehrer suchen könnte.[239]

Für 1905 gab Wettstein eine Zahl von 112 Privatschulen in Blumenau an, die 3.972 Kinder unterrichteten. In diesen Schulen gab es verschiedene Unterrichtssprachen: in 81 war es Deutsch, in zehn anderen Portugiesisch, Polnisch, Italienisch und Deutsch, daneben 17

---

[237] Brunn: Deutschland und Brasilien, S. 180-185: Nach der Analyse von seinen Quellen meint Brunn: „ein deutsches Lesebuch für die Schulen in Brasilien wurde vom Auswärtigen Amt finanziert und der Inhalt mit Hinweisen auf die Verhältnisse in Deutschland, deutschen Märchen und Szenen aus dem Leben des Kaisers “ ausgestattet worden. Brunn spricht von einer deutschnationalen Aufgabe, bei der die deutschen Schulen in Brasilien „seminaristisch gebildete Lehrer, Lehrmaterial und finanzielle Beihilfen„ aus Deutschland bräuchten. Das Interesse beider Länder für das Schulwesen brachte eine Schulkonkurrenz mit sich, die das Bildungsniveau steigerte, denn „mit Ausnahmen des Bundesdistriktes von Rio de Janeiro lagen noch 1926 die Zahlen des Schulbesuchs nirgends so hoch wie in den drei Südstaaten.“ Dazu auch: Willems: A Aculturação dos Alemães, S. 273: Manuel Duarte zitiert, wenn er auf die Verhältnisse in Blumenau 1916 eingeht: 10 staatliche Schulen hätten 574 Schüler, während 123 deutsche Schulen - wo normalerweise kein Portugiesisch gelehrt wurde - 5.061 Schüler hätten. Siehe auch: Arthur Blásio Rambo: Nacionalização e Imprensa, in: Telmo Lauro Müller (Hrsg.): Nacionalização e Imigração Alemã. X Simpósio de História da Imigração e Colonização Alemãs – São Leopoldo, set. de 1992. São Leopoldo 1994, S. 75-86, hier: S. 75: Rambo behauptet, dass es aufgrund dieser Schulen keinen Analphabetismus in den Gemeinde gab als die Nationalisierungskampagne begann, während es im restlichen Land immer noch mehr als 80% Analphabeten gab.

[238] Seyferth: A Colonização Alemã no Brasil, hier: S. 292.

[239] EZA 5/2482 zu Blumenau. Bd. 1. Von Januar 1887 bis April 1906, Zitat: S. 92 gestempelte Nummer. Auszugsweise Abschrift aus den Akten V. 148.I. (E.O. 8036/99). Abgeschriebener Brief vom 18. November 1899. Absender war Barnhausen vom Evangelischen Oberkirchenrat, Empfänger war Faulhaber in Blumenau. Und: Ibid. S. 99 gestempelte Nummer. E.O. 10019II. Brief vom 15. Dezember 1899 an Faulhaber von Wevers und Köhler.

Schulen, in denen nur Italienisch die Unterrichtssprache war und vier, in denen es nur Portugiesisch war. Demnach unterrichteten 91 Schulen auf Deutsch. Obwohl der Autor meint, dass auf einen Umkreis von zehn Kilometern eine Privatschule zu rechnen war, waren es allein in Blumenau 108. Hier zog der Autor wohl die vier Schulen ab, die nur auf Portugiesisch unterrichteten.[240] Am 31. Dezember 1907 ergab die Volkszählung, dass Blumenau 45.089 Einwohner hatte, von denen zwei Drittel Deutsch sprachen.[241]

Daraus ergibt sich auch ein Bild der Zusammensetzung der Bevölkerung in der Region Blumenau. Es ist bezeichnend, dass es sehr wenig Schulen gab, die nur auf Portugiesisch lehrten.

1907 behauptete Wettstein, dass die Bevölkerung hauptsächlich aus Deutschen bestehe, die sich angepassten hätten. Die Stadt sei aber so gewachsen, dass die verschiedenen „Stämme" schon im dichten Raum leben müssten. Die deutschen Einwanderer seien im Schaffen erfolgreich, bräuchten aber „geistige Nahrung".[242] Zwei Drittel der Bevölkerung Blumenaus seien Protestanten, aber die religiösen Bedürfnisse seien nur ausnahmsweise bestimmende Faktoren bei der Kolonisation gewesen.[243] Damit wiederspricht er der Meinung vieler Autoren – die teilweise auch in der Arbeit erwähnt werden – bezüglich der Bedeutung der deutschen Kirchen in Blumenau.

Noch im Jahr 1909 wurden von Deutschland Lehrer zur „Neuen Schule", die nach Castro von dem protestantischen Pastor Faulhaber gegründet worden war, nach Brasilien entsendet.[244] Dazu später mehr, denn dies ist nicht zutreffend.

Kirche, Schule und Presse waren die zentralen Einrichtungen im Leben der Immigranten und diese waren für die Produktion, Reproduktion und Umgestaltung der Kultur – und das, obwohl diese Kultur alles andere als homogen war, wenn man Religion, Herkunft, Beruf und Dialekt der Betroffenen analysiert – und der Identität von Bedeutung, da diese Identität eine deutsche Nationalität und eine brasilianische Staatsangehörigkeit zuließ.[245] Außerhalb Deutschlands wurde die Bewahrung des Deutschtums und somit der deutschen

[240] Campos: A política da língua na era de Vargas, S. 241: nach Quellenangabe und Literatur.
[241] Wettstein: Brasilien und die Kolonie Blumenau, S. 244-247: Regierungsschulen hatte Blumenau zu dem Zeitpunkt nur fünf. Ferner gab es noch ein Gymnasium, ein Lehrerseminar, einige Internate und Schwesterschulen. Abgesehen von der „Neuen Schule" und der Franziskanerschule am Stadtplatz in Blumenau, hatten alle einen Charakter von Volksschulen.
[242] Ibid., S. 52-55: Der Autor meint, dass in SC ein Drittel der Bevölkerung Deutschstämmig sei, in Blumenau habe sich die eingewanderte Bevölkerung „so gut wie rein [D]eutsch erhalten".
[243] Ibid., S. 239f.: Hier meint er wohl, dass zwei drittel der deutschen und deutschstämmigen Bevölkerung Blumenaus protestantisch sei.
[244] Castro: Emil Odebrecht, S. 178.
[245] Meyer: Cultura Teuto-Brasileiro-Evangélica, S. 4: nach der ausgedruckten Version.

Tugenden und Moral als Aufgabe der Kirchen und der Schule angesehen, wenn möglich sogar unter Hinzuziehung eine Gemeindeschule, in der Religion und Deutsch unterrichtet wurde.[246]

Aufgrund dieser Verwicklungen ist es nicht möglich, das Leben eines Kirchenmannes von der Kirche und ihrer Organisationen zu trennen, genauso wie es nicht möglich ist, einen Lehrer und Schulleiter von dem Schulwesen zu trennen. Ebensowenig einen Redakteur von seinem Werk. Genauso ist es auch unmöglich, die evangelische Kirche und das private Schulwesen von der Erhaltung der deutschen Kultur und Sprache in Brasilien zu trennen. Deswegen werden sich im nächsten Abschnitt die in Untertitel aufgeteilten Themen überschneiden.

5.2. Faulhaber als Pastor und ein Einblick in die Religionsgeschichte Südbrasiliens

Am Anfang der Einwanderung waren die Einwanderer für ihre Weiterentwicklung selbst verantwortlich, deshalb errichteten sie „eine Schule, eine Kirche, ein Pfarrhaus und ein Lehrer und Pfarrer, häufig beides in einer Person“ wurde angestellt. Nach Brunn waren Pfarrer und Lehrer größtenteils gescheiterte Existenzen, d.h. es waren zwei „Berufe“, die man dann ausübte, wenn alles andere scheiterte. Von den ordinierten Pastoren wurden zumindest die Pfarrer „Pseudopfarrer“ genannt.[247] Natürlich beruft sich Brunn auf die Lehrer und Pastoren, die diese Berufe ausübten, ohne selber Bildung genossen zu haben.

Doch dann entwickelten sich die Kolonien weiter und es wurde wichtig, für die Bildung und für das religiöse Leben der Einwanderer zu sorgen. Es gab einige kirchliche Einrichtungen, die sich in Brasilien im Laufe der Jahre organisierten.

Funke nennt:

---

[246] Frederik Schulze: O discurso protestante sobre a germanidade no Brasil. Observações baseadas no periódico Der deutsche Ansiedler 1864-1908, in: Revista Espaço Plural 9/19 (2008), S. 21-28, hier: S. 22f.

[247] Brunn: Deutschland und Brasilien, S. 185: Schlussfolgerung nach von ihm eingesehenen Quellen. Siehe: Oberacker, Beitrag zum Aufbau, S. 368-371. Siehe auch: Seyferth: Imigração e cultura, S. 52. Siehe dazu noch: Willems: A Aculturação dos Alemães, S. 348f.: Zu den Pfarrern meint Willems, dass die ordinierten Minister, die fast alle aus Deutschland kamen, ein Problem mit dem Mangel an Autorität hatten, die ihre Stellung als Pastoren in den Gemeinden mit sich brachte. Siehe auch: Andrea Dahme-Zachos: Zum Zusammenhang von Lebensgeschichte mit kollektiver Geschichte und kollektiven Identitäten bei der deutschsprachigen Minderheit und ihren Nachkommen in Brasilien: eine biographieanalytische Arbeit. Sankt Augustin 2003, S. 125: Anderseits betont sie als Schlussfolgerung ihrer drei biographisch durchgeführten Interviews mit Deutschen oder deren Nachfahren, dass die Rolle der Geistlichen nicht nur als Berater in geistlichen Angelegenheiten wichtig war, sondern auch in anderen Angelegenheiten, weil sie über mehr Bildung verfügten, Zugang zu Schriftgut hatten und meistens Reichsdeutsche waren, die aus dem fortgeschrittenen Europa kamen. Zu den Lehrern siehe auch: Willems: A Aculturação dos Alemães, S. 271 u. 281: auch hier wird betont, dass die größeren Städte aus Deutschland subventionierte Lehrer bekamen, dass die ländlichen Gegenden aber nur ungebildete Lehrer aufzuweisen hatten, die sich nebenbei noch anders betätigen mussten. Auch wenn das Bildungsniveau in den verschiedenen deutschen Ländern sehr ungleich war, war der Schriftverkehr für die Kolonisten dennoch wichtig.

De[n] evangelischen Hauptverein für deutsche Ansiedler und Auswanderer in Witzenhausen, de[n] Barmer Verein, de[n] Deutsch=Evangelische[n] Kirchen=Ausschuß, die Deutsch=Evangelische Missionshilfe, die Deutsche Frauen=hilfe, de[n] Gustav=Adolf=Verein, de[n] Evangelischen Bund. Auf brasilianischen Boden entstanden selbständige kirchliche Organisationen, so die Riograndenser Synode. Aus Nordamerika kamen Prediger und Lehrer der Missouri=Synode.[248]

Der erste Versuch, eine Synode in Brasilien zu gründen, war 1868 gescheitert. Viele Gemeinden wollten ihre Unabhängigkeit nicht aufgeben und auch der Evangelische Oberkirchenrat hatte Bedenken wegen der politischen Verwicklungen.[249] Dagegen meint Jungblut, dass es schon in den Anfängen üblich war, die Pastoren aus Deutschland kommen zu lassen, sobald die Gemeinde dafür genug Geld hatte.[250]

Wettstein meinte 1907, dass es an einer einheitlichen Organisation fehle, die die deutschen evangelischen Kirchen außerhalb Deutschlands unterstützen könnte. Dafür sei eine „evangelisch-deutsche Reichskirche“ von Nöten. Vor allem in Brasilien sei es wünschenswert, einen Dachverband zu schaffen, da die Regierung sich nicht opponieren würde.[251] Entweder wusste er über die Synode in Rio Grande do Sul nicht Bescheid, was zu bezweifeln ist, oder er beachtete sie in diesem Zusammenhang nicht, weil sie nur überregional, aber nicht landesweit von Bedeutung war.

Die evangelischen Gemeinden in Brasilien wurden 1886 selbst aktiv und gründeten am 19. und 20. Mai eine erste synodale Organisation in RS, die „Riograndenser Synode“, deren Präsident Pastor Rotermund – zwischen den Jahren 1886 bis 1893 und 1910 bis 1919 wurde. Sie war aber nicht sehr wirksam.[252]

1896 wurde ein erneuter Versuch unternommen, eine Synode zu gründen. Aber die Heterogenität der Pastoren und der Gemeinden lies es nicht zu, denn es wurden für diesen Versuch Geistliche von vier verschiedenen Organisationen nach SC entsandt.[253]

Am 2. Mai 1896 wurde die Evangelische Pastoralkonferenz von SC – formell, dennoch ohne Satzung – gegründet. An den inneren Rivalitäten und Oppositionen zwischen den Gemeinden nahm auch Pastor Faulhaber teil. Dies wird deutlich bei einem Fall, den Prien

248 Funke: Brasilien. S. 405 u. 406.
249 Fouquet: Einwanderer und Nachkommen 1974, S. 192.
250 Airton Luiz Jungblut: O protestantismo luterano dos teuto-brasileiros: algumas considerações necessárias para uma abordagem antropológica, in: Claudia Mauch und Naira Vasconcelos (Hrsg.): Os Alemães no Sul do Brasil. Canoas 1994, S. 139-147, hier: S. 141.
251 Wettstein: Brasilien und die Kolonie Blumenau, S. 239f.
252 Brunn: Deutschland und Brasilien, S. 186: nach der von Brunn herangezogenen Literatur. Siehe auch: Müller: Colônia alemã. 160 anos, S. 35. Siehe dazu auch: Jungblut: O protestantismo luterano, S. 141.
253 Prien: Evangelische Kirchenwerdung, S. 166.

nach den von ihm untersuchten Quellen des EZA schildert.[254]

Klug berichtet, dass Pastor Hermann Faulhaber, der nach Anweisung des Oberkirchenrates nach Blumenau ging, in sein Amt eingesetzt wurde und 1890 versuchte, eine Synode zu gründen. Anfang 1891 berief er alle Pastoren und die Leitung der evangelischen Gemeinden Santa Catarinas ein. Der Versuch misslang jedoch.[255]

Irgendwann früher muss Faulhaber dem Evangelischen Oberkirchenrat seine Absicht, eine Synode zu gründen, angekündigt haben, weil am 29. November 1900 auf diesen Bericht vom 27. Mai 1900 geantwortet wurde: für „einen synodalartigen Zusammenschluß der deutschen Gemeinden im Staate Santa Catharina" sollte er sich mit Pfarrer Brossmann in Buenos Aires in Verbindung setzen, der das gleiche für Argentinien bewirkt hatte.[256]

Es entstand die Idee des Anschlusses der brasilianischen Gemeinden an die „Evangelische Landeskirche der älteren Provinzen in Preußen", damit die Pfarrer nicht von den Kolonisten abhängig seien, auch finanzielle Unterstützung für ihre Kirche bekamen und eine gesicherte Alters-, Witwen- und Waisenversorgung hatten. Außerdem konnte der Oberkirchenrat so eine Pfarrei in Deutschland zusichern, wenn die Pfarrer aus dem Ausland zurückkamen.[257]

Das Kirchengesetz vom 07. Mai 1900 ermöglichte es, dass sich die Gemeinden außerhalb Deutschlands der preußischen Landeskirche anschließen konnten und sich dem Oberkirchenrat in Berlin unterstellten. Das Gesetz bedeutete aber nicht, dass die preußische Landeskirche das Deutschtum in Brasilien festigen wollte. Der evangelische Oberkirchenrat in Berlin bemühte sich, seine Arbeit außerhalb der politischen Bühne zu erledigen.[258]

Trotz Bedenken wegen dem Verlust der Freiheiten schlossen sich die ersten brasilianischen Gemeinden 1903 der preußischen Landeskirche an. Die Pfarrer wurden normalerweise nach sechs Jahren ausgewechselt, um eine „Auffrischung" aus Deutschland zu

---

[254] Ibid., S. 167.

[255] João Klug: Imigração e Luteranismo, S. 97.

[256] EZA 5/2482 zu Blumenau. Bd. 1, Zitat: S. 121 gestempelte Nummer. E.O. 6371. Brief vom 29. November 1900 an Faulhaber von Wevers und Köhler.

[257] Brunn: Deutschland und Brasilien, S. 169, 187 und 189: „Die preußische Landeskirche war an einer organisatorischen Verstärkung der Gemeinden interessiert, um die kirchlichen Aufgaben erfolgreicher lösen und die Erhaltung des Deutschtums konsequenter betreiben zu können". Die Unterstützung des Oberkirchenrates war für die Pfarrer sehr wichtig, den in Brasilien gab es Gemeinden, die sich nicht anschließen wollten." Siehe dazu auch die von Brunn vorgelegte Literatur und Quellen.

[258] Dreher: Kirche und Deutschtum, S. 198 und 204f.: Dennoch war die preußische Landeskirche vom preußischen Staat abhängig und damit vom ihrem Summepiscopat, der gleichzeitig König Preußens und deutscher Kaiser war.

ermöglichen.[259] Dies wurde nicht von allen Deutschbrasilianern mit Begeisterung aufgenommen.
Am 07. April 1907 wurde die Mitteilung des Oberkirchenrates aus Berlin an den Vorstand der deutschen evangelischen Gemeinde geschickt, dass der König und Kaiser durch den dem Brief beigefügten Erlass vom 5. März 1906 den Antrag auf „den Anschluß der deutschen evangelischen Gemeinde zu Blumenau an die evangelische Landeskirche der älteren Provinzen der preußischen Monarchie“ genehmigte.[260]

Dazu gibt es noch einen interessanten Gesichtspunkt in der deutschbrasilianischen Gesellschaft. Der Konflikt mit den sogenannten *Deutschländern* – den Deutschen, die gerade aus Deutschland in schon bestehenden Kolonien neu einwanderten. Diese neu Eingewanderten gingen manchmal ziemlich harsch vor, wenn sie behaupteten, dass die Alteingesessenen Repräsentanten einer verdorbenen deutschen Kultur seien, da sie nicht richtig Deutsch sprechen könnten und brasilianische Sitten angenommen hätten.[261]
Es würde hier aber zu weit führen, diesen Aspekt bei den gebildeten Einwanderern oder Reisenden herauszuarbeiten. Dennoch wird es in den analysierten Werken ersichtlich, dass das Deutschtum gepriesen wurde und alles andere als schlecht angesehen wurde.
So sind außer den Auseinandersetzungen in Brasilien um das Thema Deutschtum auch noch Rivalitäten zwischen Deutschen, die gerade eingewandert waren und Deutschen, die schon lange im Land waren, und Deutschstämmigen, die wahrscheinlich das Land der Vorfahren nie gesehen hatten, aufgekommen.

Dabei gab es schon genügend Probleme, die zum alltäglichen Leben der Menschen in Blumenau gehörten. Eines der Größten war wohl der Streit, der in der Gemeinde am Anfang des 20. Jahrhunderts entstand. Ein Streit zwischen den evangelischen Gemeinden in Blumenau und dem Gotteskasten. Sie gehörten zu verschiedenen kirchlichen

[259] Brunn: Deutschland und Brasilien, S. 187 und 189: auch hier ist Brunns herangezogenen Literatur wichtig.
[260] EZA 5/2482 zu Blumenau. Bd. 1, Zitat: S. 288 gestempelte Nummer. Brief vom 7. April 1906 von O.K.R. Kapler und Wevers aus Berlin „an den Vorstand der deutschen evangelischen Gemeinde, zu Händen des Herrn Pfarrers Faulhaber in Blumenau“.
[261] Gertz: O Perigo alemão, S. 18f. Meiner Meinung nach stammt daher auch der heute oft verwendete Begriff des „Deutschverderbers“, ein Begriff der sich nicht einfach erklären lässt, der aber umgangssprachlich von vielen Betroffenen verstanden wird. Im Sprachgebrauch bedeutet er wohl genau dies: angepasste deutsche Sitten im brasilianischen Milieu und Nachkommen deutscher Einwanderer, die die Sprache nicht mehr richtig sprechen, weil sie sie nicht mehr richtig gelernt haben. Mit dem Thema habe ich mich wissenschaftlich nicht auseinandergesetzt. Außerdem kenne ich kein Werk, das diesen Begriff erläutert. Das Thema kann hier nicht weiter ausgeführt werden.

Einrichtungen.

Prien meint nach eingesehenen Quellen, dass der Gotteskasten im Protokollbuch versuchte, korrekt zu erscheinen, dass dem aber nicht so gewesen sein kann. Im Falle des Ortes Guarani-Assu z.B. hätte Pastor Rösel, der zum Gotteskasten gehörte, nur Handlungen durchgeführt, weil Pastor Faulhaber, der zum Evangelischen Oberkirchenrat gehörte, dort seit 1898 nicht mehr erschienen war. Trotzdem machte er eine friedliche Regelung zur Voraussetzung für eine regelmäßige Versorgung.[262]

Der nächste entdeckte Schwachpunkt der Kirche in Blumenau wurde von Rösel in der Gemeinde Itoupava genutzt. Er wurde am 12. Januar 1902 dort gewählt und sollte bald dorthin übersiedeln. Prien ist der Ansicht, die Mitglieder wollten damit vermeiden, dass Faulhaber sich einmischte, denn der hegte 1901 Pläne für die Besetzung dieser Gemeinde. Dies verwunderte nicht, weil Itoupava, Itoupava Rega, Massaranduba und Luiz Alves bis zu diesem Zeitpunkt viermal im Jahr von Blumenau aus betreut wurden.[263]

Irgendwann früher muss Faulhaber dem Evangelischen Oberkirchenrat die Gründung eines selbständigen Pfarrbezirkes in Itoupava nahe gelegt haben, denn am 29. November 1900 wurde auf seinen Bericht vom 27. Mai 1900 geantwortet, dass man die Bildung eines Pfarrbezirkes gern sehen würde.[264]

Aus der Mitteilung des evangelischen Oberkirchenrats an die Generalsynode 1903 wird auch ersichtlich, dass die früher zum Pfarrerbezirk Blumenau gehörige Gemeinde Itoupava sich Anfang 1902 selbstständig machte und ab diesem Zeitpunkt von einem Geistlichen des Gotteskastens bedient wurde.[265]

Doch dann wollte Rösel, dass die Gemeinde – so wie seine Amtsbezeichnung es nahe legte – sich als lutherisch bezeichnete. Die Gemeinde aber wollte weiterhin evangelisch bleiben.[266]

Im August 1905 erklärten die Vertreter der Vereinigten evangelischen Kirchengemeinde Itoupava, dass sie "auf Grund seines Ordinationsscheines“ Pastor Rösel angestellt hatten.[267]

---

[262] Prien: Evangelische Kirchenwerdung, S. 199: Faulhaber konnte zu diesem Zeitpunkt nicht mehr reiten, weswegen er die Kilometer von Blumenau bis Guarani nicht zurücklegen konnte.

[263] Ibid.: Massarandu wie der Verfasser es schreibt, muss ein Tippfehler sein, denn der Ort hieß vom Anfang an Massaranduba.

[264] EZA 5/2482 zu Blumenau. Bd. 1, Zitat: S. 121 gestempelte Nummer. E.O. 6371. Brief vom 29. November 1900 an Faulhaber von Wevers und Köhler.

[265] EZA 5/2488 zu den deutschen evangelischen Gemeinde, Zitat: S. 63. Auszug aus der Mitteilung des evangelischen Ober-Kirchenrats an die Generalsynode 1903 „über die mit der Landeskirche der älteren Provinzen in Verbindung stehenden deutschen Kirchengemeinden außerhalb Deutschlands.“

[266] Prien: Evangelische Kirchenwerdung, S. 200.

[267] Der Urwaldsbote. Deutsche Zeitung in Blumenau. Jahrgang 13 Nr. 8. (19. August 1905), hier: S. 3: Es

Am 11. November 1905 wurde in der Blumenauer Zeitung das „Protokoll der außerordentlichen Gemeinderatssitzung vom 15. Oktober 1905 in der Schule zu Itoupava Rega“ veröffentlicht. Es ging u.a. um die Abstimmung über einen Geistlichen, ob dieser in seinem Amt bleiben sollte oder nicht. 21 Delegierte aus den Distrikten Itoupava, Massaranduba, Itoupava Rega und Luiz Alves gaben ihre Stimmen ab: 207 für den Pastor und 108 gegen ihn. Aus den Quellen wird auch ersichtlich, dass Pastor Faulhabers Anwesenheit in Itoupava, der die Gemeindemitglieder angeblich aufklären wollte, nicht erwünscht war.[268]

Dagegen erschien am 16. Dezember 1905 ein Schreiben vom 13. November 1905 von Mitgliedern der Gemeinde Itoupava, dass sie mit der Handhabung der kirchlichen Funktionen des Pastor Rösel nicht einverstanden seien. Sie waren nicht mit seinem Gottesdienst und mit seinen Amtshandlungen nach dem lutherischen Ritual einverstanden, da ihre Gemeinde aufgrund der Statuten eine evangelische war. So wollten sie, dass die Kirchengemeinde Blumenau ihren Geistlichen in noch näher zu bestimmende Orte schicke, um Gottesdienste zu halten und Amtshandlungen vorzunehmen.[269]

Gleich unterhalb dieser Nachricht erschien ein Schreiben vom 10. Dezember 1905, in dem evangelische Bewohner der Itoupava und angrenzenden Tiefen klarstellten, dass Pastor Faulhaber entgegen anderslautender Behauptung auf ihren Wunsch hin in Itoupava - Schule I - Gottesdienst gehalten und Amtshandlungen vorgenommen hatte. Veranlassung dafür war das Sonderbekenntnis des Pastors Rösel.[270] Dass Gottesdienst in der Schule gehalten wurde, war nichts Ungewöhnliches. Damals war es noch üblich Gottesdienste in einer Schule abzuhalten, wenn keine Kirche vorhanden war.

Dies spricht dafür, dass einige Gemeinden sich für Pastor Rösel entschieden hatten, dass diese Meinung aber nicht von allen Mitgliedern geteilt wurde. Sonst hätten sich nicht die Bewohner der betreffenden Orte gemeldet, sondern nur der Vorstand der Gemeinde.

Im Juli 1906 wurden zwei Protokolle – der außerordentlichen Gemeindeversammlung in Itoupava vom 12. Juli und zu Massaranduba vom 13. Juli – veröffentlicht. Die

---

unterschrieben die Vertreter der Gemeinde mit letzter Unterzeichnung vom Schriftführer.

268 Blumenauer Zeitung. Jahrgang 24 Nr. 45. (11. November 1905). Es unterschrieb der Vorstand der Vereinigten evangelischen Kirchengemeinde Itoupava. Dort wird nicht erklärt um welchen Pastor es sich handelte. Da aber von Faulhaber im negativen Sinne gesprochen wurde, kann man davon ausgehen, dass Pastor Rösel damit gemeint war.

269 Blumenauer Zeitung. Jahrgang 24 Nr. 50. (16. Dezember 1905). Siehe auch: Der Urwaldsbote. Jahrgang 13 Nr. 25. (16. Dezember 1905), hier: S. 3: In beiden Zeitungen erschien der gleiche Wortlaut, d.h. dass der gleiche Brief an beiden wichtigsten Zeitungen gesendet wurde.

270 Blumenauer Zeitung. Jahrgang 24 Nr. 50. (16. Dezember 1905).

unterzeichnenden Mitglieder – u.a. die jeweiligen Vorsitzenden, Kassierer und Schriftführer – erklärten „ihren Austritt aus der Vereinigten Evangelischen Kirchengemeinde Itoupava und versprechen Herrn Pastor Rösel auf alle Fälle als ihren Seelsorger behalten zu wollen." Der Pastor solle bis auf weiteres im Pfarrhaus zu Itoupava wohnen. Die Gemeinden würden sich „Evangelisch=Lutherische Kirchengemeinde" nennen. Die Bewohner, die sich dem anschließen wollten, könnten dies in Itoupava Rega, Massaranduba und Guarani-Assu am 13. Mai tun.[271]

Daraufhin kam es zu einer Delegiertenversammlung in der Schule zu Itoupava Rega, in der am 1. August 1906 beschlossen wurde, dass Pastor Rösel keine Amtshandlungen mehr durchführen könne, weil er ab diesem Zeitpunkt nicht mehr der „Geistlicher der vereinigten Kirchengemeinde Itoupava" sei, das Pfarrhaus in 30 Tagen zu räumen hätte und die von ihm neu gegründeten Gemeinden ihre Anrechte auf das Eigentum verlieren würden, falls sie sich nicht wieder „an die vereinigte Gemeinde Itoupava" anschließen würden. Pastor Rösel hatte den Vertrag, der ihn verpflichtete, noch ein halbes Jahr „als Geistlicher der vereinigten Kirchengemeinde" arbeiten zu müssen, gebrochen.[272]

So wurde Rösel 1906 von der Gemeindeversammlung gekündigt, doch er blieb in der Gemeinde. Als er „mit seinen Anhängern in allen Filialen eine evangelisch-lutherische Gemeinde" gründete, kam es zur Trennung und der ordnungsgemäße Nachfolger Adolf Langbein verlegte seinen Pfarrsitz nach Itoupava Rega.[273]

Auf diese Auseinandersetzung komme ich später nochmal zurück, denn sie sollte sich als äußerst wichtig im Leben Faulhabers erweisen.

Schon 1905 hatte Faulhaber den Vorschlag gemacht, dass ein ständiger Vermittler des Evangelischen Oberkirchenrates und zwei ordinierte Vikare nach Brasilien geschickt werden sollten, damit keine Gemeinde an den Gotteskasten verloren gehe, falls es zur Vakanz käme. Der Oberkirchenrat sollte die weitere Entsendung von Vertretern des lutherischen Gotteskastens verhindern.[274]

Außerdem hegte der Gotteskasten anscheinend auch den Wunsch, dort eine evangelisch-lutherische Synode zu gründen, denn es gab mehrere Orte in Blumenau, in denen sie tätig

---

[271] Der Urwaldsbote. Jahrgang 14 Nr. 3. Beilage. (21. Juli 1906), hier: S. 2.

[272] Der Urwaldsbote. Jahrgang 14 Nr. 9. (1. September 1906), hier: S. 3. Das Protokoll wurde von dem Vorstand und den Delegierten unterschrieben.

[273] Prien: Evangelische Kirchenwerdung, S. 200f.: Rösel kam auf ungeklärte Weise ums Leben und die Spaltung der Gemeinde verschlimmerte sich. Die Kündigung der Gemeinde Rösel gegenüber führte zu rechtlichen und theologischen Problemen. Prien schreibt, dass dieser Fall bei den Verhandlungen zwischen dem Evangelischen Oberkirchenrat und dem Gotteskasten für ganz Brasilien von Bedeutung war.

[274] Ibid., S. 167f.: Siehe dort auch die Angaben für die diesbezüglichen Quellen.

waren.

Pastor Runte von der evangelischen Gemeinde sah im März 1905 „in der beabsichtigten Gründung einer evangelisch=lutherischen Synode eine Gefahr“ für das noch friedliche konfessionelle Zusammenleben der evangelischen Gemeinde. Es handelte sich um den „Zusammenschluss der durch die Herren Geistlichen vom lutherischen Gotteskasten bedienten Gemeinden.“ Das lutherische Bekenntnis der Geistlichen des Gotteskastens war für die evangelische Gemeinde ein Problem.[275]

Durch das Verlangen der lutherischen Geistlichen, dass die Gemeinden lutherisch werden sollten, entstand eine Auseinandersetzung, nämlich ob man evangelisch oder lutherisch sei oder werden sollte. Zu dem Thema verfasste der evangelische Pastor Rudolph sogar eine Schrift, in der er versuchte, den Unterschied zwischen evangelisch und lutherisch klarzustellen. Er fasste kurz den geschichtlichen Verlauf der zur Reformationszeit entstandenen Lehren zusammen. Als evangelischer Pastor kam er am Ende natürlich zu dem Schluss, dass die Gemeinden evangelisch seien und es auch bleiben sollten.[276]

Die Schreiben von Pastor Rudolph und Pastor Runte veranlassten den Vorstand der evangelisch-lutherischen Gemeinde Indaial dazu, am 6. Mai eine Erklärung in der Zeitung zu veröffentlichen, in der betont wurde, dass sie Ratschläge und Einmischungen ablehnten, weil die Gemeinde sich „von der preußischen Landeskirche älterer Provinzen und damit von der Union losgesagt“ hatte.[277]

Noch am 27. Dezember 1905 schrieb der Präsident der Vereinigten evangelischen Kirchengemeinde Itoupava, dass es ihm egal sei, zu welcher Einrichtung der Geistliche der Gemeinde gehöre, wenn dabei nur der Friede wiederhergestellt wurde. Andererseits sprach er vom Hass der Geistlichen unter dem Kirchenvorstand von Blumenau gegenüber den Geistlichen des Gotteskastens.[278] Dabei wird wiederum ersichtlich, dass es dem Verfasser des Briefes nicht nur um Frieden in dieser Angelegenheit ging.

Es entfachte sich tatsächlich ein öffentlicher Streit über die konfessionelle Situation der Gemeinden in Blumenau. Beide Zeitungen wurden in dieser Auseinandersetzung dafür

[275] Der Urwaldsbote. Jahrgang 12 Nr. 36. Beilage. (4. März 1905). Verfasser dieser Warnung an die evangelische Gemeinde war der evangelischer Pastor Heinrich Runte.

[276] Der Urwaldsbote. Jahrgang 12 Nr. 40. Beilage. (1. April 1905).

[277] Der Urwaldsbote. Jahrgang 12 Nr. 45. (6. Mai 1905), hier: S. 3. Siehe als Folge davon auch: Der Urwaldsbote. Jahrgang 12 Nr. 49. (3. Juni 1905). Auf die ganze Auseinandersetzung reagierte ein Herr Meisel aus Brusque, der sich als Laie bezeichnete, dass „das *pro* und *contra* Gotteskasten=bzw. Unions=Christentum“, bzw. das Wortgefecht der zwischen den „Herren Bergold, Runte und Rudolph“ ein Ende haben solle. Hervorhebung im Original.

[278] Der Urwaldsbote. Jahrgang 13 Nr. 27. (30. Dezember 1905), hier: S. 4. Schreiben von Karl Meyer am 27. Dezember 1905.

verwendet, die jeweilige Meinung zu äußern. Nicht nur die Pastoren, sondern auch die Vorstandsmitglieder trugen zu den Streitigkeiten bei. Sogar einfache Mitglieder fühlten sich dazu verpflichtet, Stellung zu beziehen. Aber nicht nur das, auch Leute die mit den betroffenen Gemeinden keinen direkten Kontakt hatten, sahen sich veranlasst, ihre Meinung zu äußern. Alle gaben sie an, für den Frieden zu kämpfen, alle verschärften die Lage nur noch mehr, indem sie die gegenseitigen Provokationen weiter ausführten.

So gründeten 1905 die Lutheraner in SC die Lutherische Synode. Diese Synode schätzte angeblich die Erhaltung des Deutschtums nicht so wichtig ein wie die anderen Lutherischen Synoden in Brasilien. Viel wichtiger war für sie die Lutherische Kirche an sich, so wie auch für den Lutherischen Gotteskasten, der die Lutherische Synode in Brasilien unterhielt und auch Pastoren – die das Lehrerseminar in Neuendettelsau besuchten – dorthin schickte. Viele Gemeinden Santa Catarinas wurden aber nicht Mitglied dieser Synode. Dafür waren einige direkt mit dem Evangelischen Oberkirchenrat verbunden ohne untereinander eine Verbindung zu haben.[279] Die Lutherische Synode war eng verbunden mit dem Lutherischen Gotteskasten, eine konfessionelle Hilfsorganisation. Und so wurde am 9. Oktober 1905 die evangelische lutherische Synode von SC, PR und anderen Staaten Südamerikas in der Kirche gegründet.[280]

Für RS kam 1904 noch eine andere Gruppe von Leuten hinzu. Es wurde die Missouri-Synode, also die Evangelisch-Lutherische Synode Brasiliens gegründet, die sich aus Missionaren aus Nordamerika zusammensetzte.[281] Schulze meint, sie seien schon 1900 aus den USA kommend in RS eingereist und dort tätig gewesen.[282] Wettstein macht allein die Geldmittel der Nordamerikaner für deren Einfluss und Akzeptanz verantwortlich. Er ist der Ansicht, dass diese Geistlichen nicht so hoch besoldet werden mussten und deswegen eher angenommen wurden, als die anderen Theologen in RS. Hätten die deutsch-evangelischen Kirchen mehr Geld zur Verfügung gestellt, wäre dies nicht geschehen.[283]

Auch Dreher lässt seine Quellen zu Wort kommen, die meinen, dass die Geldmittel der Missouri Synode eine Rolle spielten. Außerdem würde ihr Vordringen das „deutsche Volkstum“ und den Zusammenschluss der evangelischen Kirchen in Südbrasilien mit der

---

279 João Klug: Imigração e Luteranismo, S. 97-99: Auch diese Synode änderte ihre Meinung mit dem Ersten Weltkrieg und schritt für die Erhaltung des Deutschtums ein.

280 Prien: Evangelische Kirchenwerdung, S. 187-192: Der erste Hilferuf aus Brasilien traf die Gotteskastenvereine 1892. Siehe die von Prien angegebenen Quellen.

281 Jungblut: O protestantismo luterano, S. 141f.

282 Schulze: O discurso protestante, hier: S. 27.

283 Wettstein: Brasilien und die Kolonie Blumenau, S. 240.

Kirche in Deutschland gefährden.[284]

Über die Situation in Blumenau äußert sich Wettstein sehr unzufrieden. Denn anstatt nach Einigung zu streben, traten die „halbgebildete[n] lutherische[n] Geistliche[n]" gegen „den angrenzenden *Unierten* der Pfarrgemeinde Blumenau" auf.[285]

1907 wurde Pfarrer Braunschweig nach Brasilien geschickt, um die dortige Lage einzuschätzen.[286] Zu dem Zeitpunkt als Braunschweig in Brasilien ankam, war Faulhaber aber schon wieder in Deutschland.

Der Oberkirchenrat entschloss sich, „einen ständigen Vertreter nach Brasilien zu schicken, um an Ort und Stelle für kirchliche Fürsorge und Einigkeit unter den divergierenden örtlichen Interessen und konfessionellen Streitigkeiten zu sorgen." Der ständige Vertreter Braunschweig wurde dafür zum Probst ernannt und reiste 1911 nach Brasilien. Im gleichen Jahr wurde auf seine Anregung hin der Interessenverband der evangelischen Pfarrer in den „Deutschen Evangelischen Gemeindeverband von Santa Catharina" umgewandelt.[287] Der musste sich mit zwei Problemen auseinandersetzen:

> Einmal störte schon die Rivalität mit den etwas sektiererischen, streng konfessionellen Lutheranern und ihrem dem Gustav-Adolf-Verein vergleichbaren „Gotteskasten". Am meisten Ärger aber erregte der Zweig der deutsch-amerikanischen Lutheraner, die sogenannte „Missouri-Synode".[288]

Gerade die Missouri-Synode stufte das Deutschtum als Sünde ein. Für sie war Deutsch nur die Sprache, durch die man zu den Leuten sprechen konnte, was aber genauso gut auf Portugiesisch getan werden konnte. Sie nahmen sich der Sprache nicht mit dem Ziel an, durch die Sprache das Deutschtum zu erhalten.[289]

1911 wurde der Verband der Evangelischen Gemeinden in SC und PR gegründet – um die Gemeinden aufzufangen, die 1905 der Lutherischen Synode nicht beigetreten waren. Später sollte daraus die Evangelische Synode in SC und PR werden und Unterstützung von verschieden deutschen Institutionen bekommen[290] – und 1912 die Evangelische Synode in

---

[284] Dreher: Kirche und Deutschtum, S. 205.
[285] Wettstein: Brasilien und die Kolonie Blumenau, S. 240: Eigene Hervorhebung: Unierten sollen die bisher bestehenden Gemeinden bezeichnen.
[286] Prien: Evangelische Kirchenwerdung, S. 168.
[287] Brunn: Deutschland und Brasilien, S. 186 und 189f.: Auch hier sind Brunns herangezogenen Literatur und Quellenangaben wichtig.
[288] Ibid., S. 186f. und 191f.: Wieder ist Brunns herangezogene Literatur wichtig. Dank ihrer Aktivität, Organisation, Geldmittel und geschickten Ausnutzung der internen Streitigkeiten, war sie relativ erfolgreich. Dagegen gründeten die strengen Lutheraner schon 1905 die „Evangelisch Lutherische Synode von Santa Catarina".
[289] Gertz: O Perigo alemão, S. 35f.
[290] João Klug: Imigração e Luteranismo, S. 99.

Mittelbrasilien.[291]

Die Kirchen, die zu den vier regionalen Synoden gehörten, sind später in einem Synodalverband aufgegangen: die *Igreja Evangélica de Confissao Luterana no Brasil,*[292] d.h. die Evangelische Kirche Lutherischen Bekenntnisses in Brasilien. Gertz betont, dass die Missouri-Synode von der Riograndenser Synode – heute auch zur *Igreja Evangélica de Confissão Luterana no Brasil* gehörend – bekämpft wurde, die eine enge Beziehung zu den Lutheranern in Deutschland pflegte und die Einrichtung überhaupt war, die das Deutschtum pflegte. Aber auch die katholische Kirche war in diesem Sinne tätig. [293]

> In the nineteenth century the Evangelicals (plus certain Lutheran groups) developed strong institutional ties with the Prussian state church, from which they received most of their clergy in addition to significant financial support. Not surprisingly, it became a central doctrine among Evangelicals that German language and culture were inseparable from religious belief.[294]

Luebke ist der Meinung, dass durch die Unterstützung Preußens für die Kirchen in Brasilien die Lehre entstand, deutsche Sprache und Kultur sei nicht von der Religion zu trennen. Auch Willems ist der Ansicht, dass die Preußische Landeskirche für den Transfer des Deutschtums und der Evangelien nach Südamerika verantwortlich war, und so war das eine vom anderen abhängig. Denn das eine würde ohne das andere nicht überleben.[295]

Ich wiederspreche dieser Meinung, denn bisher habe ich Dementsprechendes nicht gefunden, sei es in den Quellen, sei es in der Sekundärliteratur. Das Deutschtum wurde in Brasilien auf natürliche Weise weitergeführt – zumindest in den isolierteren Orten, wo sie sich nicht an einer schon vorhandenen Einwohnerschaft hätten orientieren oder anpassen können, einfach deshalb, weil diese nicht vorhanden war.

Kreutz sieht den Grund dafür in Luther, für den das Lesen und Verstehen der Bibel von hoher Bedeutung war und dafür mussten die Kinder Bildung in den Schulen erhalten.[296] Hinzu kommt noch die Übersetzung des Neuen Testaments ins Neuhochdeutsche, damit auch das Volk die Bibel lesen konnte.

Dadurch, dass Luther das Neuhochdeutsche verwendete, war für die Lutheraner die Genese

---

[291] Jungblut: O protestantismo luterano, S. 141.
[292] Ibid., S. 143. Siehe auch: Dreher: Kirche und Deutschtum, S. 161.
[293] Gertz: O Perigo alemão, S. 36-38.
[294] Luebke: Germans in the New World, S. 127.
[295] Emilio Willems: Followers of the New Faith. Culture Change and the Rise of Protestantism in Brazil and Chile. Nashville 1967. S. 3. Siehe dazu die Begriffserklärung für das Deutschtum weiter oben.
[296] Telmo Lauro Müller: A Nacionalização e a Escola Teuto-Brasileira, in: Ders. (Hrsg.): Nacionalização e Imigração Alemã. X Simpósio de História da Imigração e Colonização Alemãs – São Leopoldo, set. de 1992. São Leopoldo 1994, S. 65-74, hier: S. 67.

von Religion und Sprache selbstverständlich. Der Verlust der Sprache hätte für den orthodoxen Deutschen auch immer eine religiöse Bedeutung. „Es sei nicht einfach festzulegen, was außer evangelischer Lehre und Sprache, den eigentümlichen ethnisch-religiösen Komplex des deutschen Protestantismus ausmacht.“[297]

5.3. Faulhaber als Herausgeber der Zeitung

Bevor man Faulhabers Tätigkeit in diesem Bereich ansieht, ist es von Bedeutung, die Entwicklung der Presse in Blumenau kurz zu betrachten. Denn interessant ist, dass die Stadt Blumenau sehr lange keine Zeitung hatte. Es gab mehrere Faktoren, weshalb es bis in die 1880er Jahre keine Presse gab.

Entscheidend dafür war, dass Dr. Blumenau 30 Jahre lang – von der Gründung der Kolonie bis zum Ende seiner Verwaltung als Koloniedirektor – gegen die Gründung einer Zeitung war. Erst am 1. Januar 1881 erschien zum ersten Mal die *Blumenauer-Zeitung*. Am 5. April 1883 wurde als Gegenstück *Der Immigrant* gegründet. Zwischen den beiden Blättern kam es zu heftigen Debatten und Kämpfen.[298] Die anfängliche Haltung des Kolonieleiters gegen eine Zeitung ist im Nachhinein teilweise verständlich, wenn man bedenkt, dass er wohl nur Auseinandersetzungen solcher Art vermeiden wollte.

Dennoch gründete Bernhard Scheidemantel im Jahr 1883 den *Immigrant*, der regelmäßig bis 1891 erschien. Erst im März 1893 – zu dem Zeitpunkt als im Süden Brasiliens eine föderalistische Revolution begann – sollte ein neuer, der zweite *Immigrant*, erscheinen, der aber nur bis Juli desselben Jahres herausgegeben wurde.[299]

Faulhaber und Luís Sachtleben sollen den *Immigrant* von Bernhard Scheidemantel gekauft haben und daraus die Zeitung *Der Christenbote* gemacht haben, die im Haus Sachtlebens, im ersten Stock in der Straße *XV. de Novembro*, angefertigt wurde.[300]

Dagegen meinte Binder, dass Faulhaber im Juli 1893 die Druckerei der Zeitung *Immigrant*, die unter der Leitung von Paul Stelzer zwischen März und Juli 1893 herausgegeben worden war, kaufte. Daraus soll *Der Urwaldsbote* entstanden sein.[301]

---

[297] Willems: A Aculturação dos Alemães, S. 288 und 350f.: Deutschtum und Volkstum ist eine Zusammensetzung von Ideologien, moralischen Werten und Gefühlen - auch nationale und nationalistische Gefühle. Das kann aber nicht mit politischem Deutschtum oder *Pangermanismo* - wie es oft geschieht - gleichgesetzt werden. Das religiöse Volkstum ist älter als der deutsche Nationalismus.

[298] Silva: Imprensa, S. 10f. und 14.

[299] Ibid., S. 23 u. 26.

[300] [-]: Blumenauenses Ilustres, in: Comissão de Festejos (Hrsg.): Centenário de Blumenau. 1850 – 2 de setembro – 1950. Blumenau 1950, S. 387-436, hier: S. 414.

[301] João Capistrano Binder: Imprensa e Publicidade, in: Comissão de Festejos (Hrsg.): Centenário de Blumenau. 1850 – 2 de setembro – 1950. Blumenau 1950, S. 315-337, hier: S. 322.

Der Urwaldsbote, ein Name der heute befremdlich klingt, nichtsdestotrotz zum damaligen Zeitgeist passte. Auch wenn es eine Unstimmigkeit bezüglich des Ursprungs der Zeitung gab, wird *Der Immigrant* meistens mit Faulhaber in Verbindung gebracht. Was aber nicht bedeutet, dass er nicht Inhaber von zwei Zeitungen hätte sein können.

Vielleicht war es auch nur eine Verwechslung des Autors von 1950, denn *Der Christenbote* sollte tatsächlich als monatliches Gemeindeblatt in Blumenau herausgegeben werden, aber erst ab 1908 auf Veranlassung Braunschweigs auf der Sitzung der Konferenz von 1907.[302] Dennoch findet man in der Zeitschrift *Blumenau em Cadernos* auch die Angabe, dass Faulhaber für seine Gemeindemitglieder im Tal des Itajaí den *Christenbote* herausgab.[303]

Die Zeitung *Der Immigrant* wurde von Pastor Faulhaber – und damit von der evangelischen Pastoral-Konferenz – gekauft, um sie für religiöse Zwecke, d.h. als Stimme der Interessen der evangelischen Gemeinden der Stadt, einzusetzen. Die Zeitung sollte auch den Schulen, die von diesen Gemeinden geleitet wurden, dienen.[304]

Binder behauptete, es sei die Zeitung mit dem größten Einfluss im Tal des Itajaí zu dieser Zeit gewesen, und unter der Leitung Faulhabers vertrat sie ausgeprägt religiöse Interessen.[305] Das ist eine sehr allgemeine Aussage: die Zeitung erschien über Jahre hinweg und hatte nicht immer den gleichen Umfang. Seine Analyse beschränkte sich nicht auf bestimmte Jahre, zumindest wird eine solche Einschränkung nicht erwähnt.

Am 16. Juni 1893 – nach Binder war es Juli und nicht Juni - erschien *Der Urwaldsbote* zum ersten Mal – eine Zeitung über die noch viel diskutiert werden sollte. Die Zeitung vertrat eher die konfessionellen als die politischen Interessen der protestantischen Gemeinden und des Unterrichts in mehr als 100 Schulen. Sie brachte aber auch nationale und internationale Nachrichten versehen mit eigenen Kommentaren aus nationalen oder deutschen Blättern. Faulhaber versuchte, sich aus der lokalen Politik herauszuhalten,

---

302 Prien: Evangelische Kirchenwerdung, S. 168.

303 [-]: Centenário da Comunidade Evangélica de Blumenau, in: Blumenau em Cadernos 1/1 (1957), S. 14-15, hier S. 15. Auch: José Ferreira da Silva: Pastor Hermann Faulhaber, in: Blumenau em Cadernos 39/6 (1998), S. 32-35, hier S. 33: Dies soll schon vor 1903 passiert sein.

304 Silva: Imprensa, S. 23 und 26.

305 Binder: Imprensa e Publicidade, hier: S. 323. Siehe auch: Rambo: Nacionalização e Imprensa, S. 76f.: Rambo betont die Wichtigkeit der Presse – die sich früh und vielfältig entfaltete – für die Entwicklung der Kolonien. Zur Zeit der Nationalisierungskampagne wurde die Presse als das Element dargestellt, das gegen den Anschluss der Deutschbrasilianer an die nationalbrasilianische Gesellschaft arbeitete. Dagegen: Willems: A Aculturação dos Alemães, S. 396 und 399: Willems meint, dass die Presse nur ausnahmsweise für das kulturelle Leben der Deutschbrasilianer wichtig gewesen sei, und dass sie überhaupt nicht homogen war, denn sie vertrat viele Richtungen, Ansichten und Interessen.

unterschwellig konnte man aber seine föderalistische Position herauslesen.[306]

Faulhaber hatte die Überreste der zwei vorherigen – nacheinander existierenden – föderalistischen Zeitungen *Immigrant* gekauft, und erbte somit auch den Druck der politischen Situation. Der Superintendent der Stadt war Oto Stutzer, seine Unterstützer Feddersen und Schrader. Die Gegengruppe wurde von Bonifácio Cunha geleitet. Faulhaber ließ sich überreden, für die – im Moment – stärkste Partei, d.h. für die Wiederwahl Oto Stutzers gegen Bonifácio Cunha bei den Wahlen von 1898 als Superintendent aufzutreten und Wahlkampf zu betreiben – ohne Mitglied der Partei zu werden – und als diese verloren wurde, trat er als Redakteur am 1. November 1898 zurück. Durch seinen Rücktritt verlor die Zeitung ihrer bisherigen Orientierung. Ab November 1898 wurde Eugen Fouquet der Redakteur.[307]

Auch Wettstein nannte 1907 einen Fall, wonach ein Schullehrer mit seiner Partei gefallen war.[308] Im Fall Faulhabers war dieser zwar auch Lehrer, doch ging es um seine Tätigkeit als Redakteur, die er deswegen fallen ließ. Also ergab sich hier eine Gemeinsamkeit der Situationen und Reaktionen.

Binder meinte, dass es den Legalisten nicht passte, dass die jetzige Zeitung aus der vorherigen Zeitung *Der Immigrant* hervorgegangen und föderalistisch angehaucht war. Während der Wahlkampagne 1898 hätten Feddersen, Stutzer und Schrader die Zeitung von Faulhaber abgekauft, um sie gegen die *Blumenauer Zeitung* anzuwenden, da diese die Seite Cunhas ergriffen hatte.[309] Diese Meinung wird durch eine Äußerung Silvas bestätigt: Nachdem Faulhaber den *Urwaldsbote* an Feddersen und seine Leute verkaufte hatte und Fouquet der Redakteur wurde, setzte sich die Zeitung mit politischen Angelegenheiten auseinander. Dies führte zu ständigen Streitereien zwischen *Blumenauer Zeitung* und *Urwaldsbote*.[310]

Obwohl *Der Urwaldsbote* sowohl Richtung als auch Redakteur wechselte, blieb sie weiterhin

[306] Silva: Imprensa, S. 27f. Siehe bezüglich des Datums auch: [-]: Centenário da Comunidade Evangélica de Blumenau, in: Blumenau em Cadernos 1/1 (1957), S. 14-15, hier S. 15: Die Angabe ist hier ausführlich, weil der Name des Verfassers nicht bekannt ist. Der Verfasser gibt auch den Monat Juni als Ersterscheinung an. Dennoch scheint es so, als wäre selbst José Ferreira da Silva bezüglich des Datums unsicher. In der Zeitschrift *Blumenau em Cadernos* von 1998 erschien ein Text von ihm, leider ohne anzugeben, wann er verfasst wurde. Dort ist auch Ferreira da Silva der Meinung, dass die Ersterscheinung im Monat Juli stattfand. Dazu siehe: Silva: Pastor Hermann Faulhaber, hier: S. 33.

[307] Silva: Imprensa, S. 31.

[308] Wettstein: Brasilien und die Kolonie Blumenau, S. 230.

[309] Binder: Imprensa e Publicidade, hier: S. 323. Redakteur wurde der vor fünf Jahren aus Deutschland eingewanderte Eugen Fouquet. Dazu noch: Silva: Imprensa, S. 30f.: Silva meinte, dass die Gruppe, die die Meinung der *Blumenauer Zeitung* folgte den *Urwaldsbote[n]* wegen dem föderalistischen Hauch seiner Vorgänger anfeindete.

[310] Ibid., S. 15.

bis 1900 unter der Leitung der evangelischen Pastoral-Konferenz, bis sie schließlich von einer Interessengemeinschaft gekauft wurde. Unter den Käufern fand sich der spätere Inhaber G. Artur Koehler.[311]

Im gleichen Jahr soll Pastor Faulhaber dann den ersten Kalender in Blumenau herausgegeben haben. Er hieß *Der Urwalsbote Kalender*.[312]

Was die Aussagen der Zeitung zu der Zeit betrifft, als Faulhaber Redakteur war, wäre eine Analyse von hoher Bedeutung. Dies war leider nicht möglich, da die Ausgaben zwischen Mitte 1893 und November 1898 nicht ausfindig zu machen waren.[313]

5.4. Faulhaber als Lehrer, Schulleiter und Autor und das brasilianische Bildungssystem

Wie schon erwähnt, kümmerte sich am Anfang der Einwanderung die Gemeinde selbst um die Bildung der Kinder und damit auch um das Schulwesen.

Im 19. Jahrhundert überließ die Provinzialregierung den Kolonisten die Lösung des Problems des Schulwesens. Priester, Pastoren und Kolonisten mussten Schulen errichten.[314]

Kreutz betont, dass die Deutschbrasilianer die Schulfrage gemeinschaftlich lösten. Sie schafften es, in mehr als 1.000 ländlichen Zentren den Analphabetismus auszurotten und Aktivitäten zu schaffen, die sozial integrierten.[315] Allerdings schätzte Moltmann 1918 das

---

[311] Ibid., S. 30: Hervorhebung im Original. Am 26. Oktober 1917 erschien er das letzte Mal, als Konsequenz der Kriegserklärung Brasiliens an Deutschland. Stattdessen erschien nun auf Portugiesisch der *Commércio de Blumenau*. Auf den S. 33-35 wird auf die Nachkriegszeit des Ersten Weltkrieges und die Zeit des Zweites Weltkrieges eingegangen: Am 23. August 1919 wurde aus dem *Commercio de Blumenau* wieder *Der Urwaldsbote*, der wieder auf Deutsch erschien. Später, am 29. August 1941 erschien er zum letzten Mal auf Deutsch, weil ein Dekret Veröffentlichungen in nicht portugiesische Sprache verbot. Unter verschiedenen Namen erschienen noch 9 Nummern der Zeitung, bis sie ganz eingestellt wurde. „Ein halbes Jahrhundert hatte die Zeitung das Wachstum des Munizips, die ökonomische, soziale und kulturelle Entwicklung miterlebt und dessen Interessen verteidigt." Man kann noch die ganzen innerdeutschen Auseinandersetzungen der Stadt und die politische Lage des Landes während der ganzen Zeit nachvollziehen.

[312] Silva: Pastor Hermann Faulhaber, hier: S. 33.

[313] Vom *Arquivo Histórico* in Blumenau erhielt ich per E-Mail eine positive Zusage, dass diese Nummern vorhanden wären und einsehbar seien. Als ich dort persönlich Einblick erhalten wollte, stellte sich heraus, dass sie nicht vorhanden waren. Die Leiterin des Archivs meinte, die einzige Möglichkeit, dass sich dieses Material erhalten hätte, wäre ein privater Sammler. Denn die diesbezüglichen Materialien, die das Archiv hatte, sind einem Brand zum Opfer gefallen, als das Archiv in einem anderen Gebäude untergebracht war. Ich versuchte es noch auf andere Weise und zwar im Arquivo Histórico in Joinville, von denen ich nie eine Antwort erhalten habe. Auch Herr Bader vom Mikrofilmarchiv der deutschsprachigen Presse e.V. – 1965 in Hamburg entstanden, heute in Dortmund ansässig –, leitete meine Frage an das Institut für Zeitungsforschung weiter. Leider erhielt ich auch eine verneinende Antwort von Frau Lücke seitens des Institutes für Zeitungsforschung mit Eigenbetrieb der Stadt Dortmund. Auch Frau Rothbart vom Institut für Auslandsbeziehungen e. V. aus Stuttgart antwortete, dass diese Jahrgänge der Zeitung im Institut nicht vorhanden seien. Dieselbe Antwort erhielt ich von Frau Jacobi von der Zeitschriftendatenbank in Berlin.

[314] Seyferth: Imigração e cultura, S. 50: Eine Situation, die sich erst 1937 mit dem Verbot ausländischen Sprachen im Bildungswesen verändern sollte.

[315] Lúcio Kreutz: A Escola Teuto-Brasileira Católica e a Nacionalização do Ensino, in: Telmo Lauro Müller (Hrsg.): Nacionalização e Imigração Alemã. X Simpósio de História da Imigração e Colonização Alemãs –

Niveau des deutschen Schulwesens als niedrig ein und führte einige daraus entstandenen Folgen auf: der Abfall vom Deutschtum in größeren Orten und die geringe Vertretung unter den gelehrten Berufen wie Beamten, Wissenschaftlern und Politikern.[316]

Auch wenn die öffentlichen Schulen keinen guten Ruf besaßen, waren die Unentgeltlichkeit des Unterrichtes und die Möglichkeit, dass die Kinder besser Portugiesisch lernten für einige Familien wichtiger als die Treue zur Gemeindeschule und zur Kirche.[317]

Die deutsche Schule wurde errichtet, um den Kindern die Grundbildung zu ermöglichen, erst nach und nach bekam sie eine ethnische Seite, indem sie für die Bewahrung von Sprache und Kultur eintrat. Die Kinder sollten als brasilianische Bürger deutscher Ethnie erzogen werden.[318]

Aber in Wirklichkeit deckt der Begriff deutsche Schule eine ziemlich große Bandbreite von Schulen ab: sie spiegelten die kulturelle und religiöse Andersartigkeit der Deutschbrasilianer wieder und normalerweise gab es protestantische und katholische Schulen. Hinzu kommt, dass nicht nur deutsche Kinder zu den Schulen gingen, sondern dass die Schulkinder die ethnische Komposition der lokalen Bevölkerung wiederspiegelte.[319]

Durch die Formierung von sozialen Klassen, Urbanisierung und Industrialisierung kam es zu Umstrukturierungen der deutschbrasilianischen Gesellschaft. Dies führte dazu, dass die Schulen versuchten, sich mit der nationalen Gesellschaft zu verständigen – die Katholiken früher als die Protestanten.[320]

So berichtete Blumenau im Jahr 1874, nach Angaben Silvas, dass die öffentliche Schule einen männlichen Lehrer suchte. Das dieses Unterfangen aber schwierig sei, gerade weil man jemanden suche, der Deutsch und Portugiesisch sprechen sollte.[321] Auch den Bericht von 1876 zitiert Silva, um zu belegen, dass Dr. Blumenau die Bedeutung der portugiesischen Sprache hoch schätzte, genauso wie es jeder intelligente Kolonist tun

São Leopoldo, set. de 1992. São Leopoldo 1994, S. 27-64, hier: 27.

316 Moltmann: Deutsche Siedelung in Süd-Brasilien, S. 45. Siehe auch: Willems: A Aculturação dos Alemães, S. 195: für die ersten Jahrzehnte meint Willems, dass die Immigranten und ihre Kinder, die dem Gesetz nach Brasilianer waren keine Intelligenz und kein Bildungsniveau hatten.

317 Kreutz: A Escola Teuto-Brasileira, hier: S. 57: Vom Autor ist in diesem Fall die katholische Kirche gemeint gewesen, aber dies kann auf alle Schulen bezogen werden. Dazu auch: Willems: A Aculturação dos Alemães, S. 292.

318 Seyferth: A Colonização Alemã no Brasil, hier: S. 292. Dazu auch; Dies.: Imigração e cultura, S. 53: Es gab nicht nur Grundschulen, sondern in den urbanen Zentren auch höhere Schulen, sowie Berufsschulen.

319 Willems: A Aculturação dos Alemães, S. 286f. und 289.

320 Ibid., S. 296.

321 Silva: Hitória Blumenau, S. 24.

müsse, da dies für den Wohlstand der Kinder wichtig sei.[322]

1883 berichtet Zöller davon, dass viel zu wenig Portugiesisch gelernt wurde um die materiellen Interessen der Einwanderer nachzukommen, da es sogar Italiener gäbe, die für die deutsche Sprache gewonnen worden sind.[323]

Natürlich gab es in der lokalen Gesellschaft Auseinandersetzungen über die zu lehrenden Sprachen im Schulunterricht. Denn auf der einen Seite war es vielen Bewohnern der Stadt wichtig, weiterhin die Sprache und damit die Traditionen zu erhalten, anderseits war eine gewisse Anpassung und vor allem die portugiesische Sprache wichtig, damit die Stadt sich weiterentwickeln konnte.

Denn die Sprache bekam auch einen symbolischen Wert. Portugiesisch wurde zur gehobenen Sprache. Um einen gewissen *Status* zu erreichen, musste man auch Portugiesisch sprechen. Dies führte in vielen Regionen zur Zweisprachigkeit. Beispiele dafür sind die Städte im Itajaítal, hauptsächlich Blumenau und Brusque, wo Deutsch von den protestantischen Familien, der evangelischen Kirche und den Schulen benutzt wurde und Portugiesisch von den lusobrasilianischen Familien, den öffentlichen Schulen und assimilierten Familien.[324]

Mit Hermann Faulhaber kam ein Mann nach Brasilien, der sich direkt mit diesem Thema auseinandersetzen sollte. Er hielt beide Sprachen für wichtig und agierte dementsprechend in seinen Tätigkeitsbereichen.

Er war der Ansicht, dass das Deutschtum seine Aufgabe in Brasilien nur dann erfüllen konnte, wenn die gebildeten Klassen neben Deutsch auch Portugiesisch beherrschten. Denn nur so wären die tüchtigen Männer ihren Aufgaben gewachsen, d.h für die Volksvertretung und die Übernahme von amtlichen Stellen, um die politische Führung der Einwanderer und deren Nachkommen zu übernehmen, sie zu vertreten und gegen Übergriffe zu beschützen. Dafür aber müssten sie „die Landesprache in Wort und Schrift beherrschen".[325]

Andererseits müsste das Einwanderungsland es erlauben, dass die Einwanderer ihre Eigenarten „in Sprache, Sitten, Gebräuchen und Bildung" beibehielten und darin sogar

---

[322] Ibid., S. 26.

[323] Hugo Zöller: Die Deutschen im Brasilianischen Urwald. Bd. 2, S. 102f.: Andererseits würden sie in größeren Städten schlechte brasilianische Sitten annehmen

[324] Willems: A Aculturação dos Alemães, S. 221, 223 und 228. Siehe dazu auch: Schaden: O estudo sócio-antropológico da aculturação, S. 111f.: Ob die Sprache angenommen wurde oder nicht hing nicht nur von der Kultur der Einwanderer ab, sondern auch von der Stellung, die die Portugiesisch Sprechenden innehatten.

[325] Faulhaber: Deutschtum in Südbrasilien, Zitat hier: S. 438.

gefördert wurden. Der Deutsche im Ausland sollte Sprache und Sitte beibehalten, damit er nicht auf das Niveau der Eingesessenen herabsinke.[326]

Wie man sieht war auch Faulhaber der Meinung, einer höheren Kultur anzugehören. Dies hielt ihn aber nicht davon ab, die Vorteile der Zweisprachigkeit deutlich herauszustellen.

Wettstein behauptet, dass der Pfarrer Faulhaber eine Geschichte über die Stadt Blumenau verfasste.[327] Leider habe ich dazu nichts finden können. Es ist aber bewiesen, dass er sich auch als Autor in verschiedenen Bereichen betätigte.

Er schrieb über die evangelische Gemeinde, über die Gründung Blumenaus und der „Neuen Schule". Er transkribierte die Worte, die auf dem Gründungsstein der evangelischen Kirche 1868 zu finden sind. Er veröffentlichte seine eigenen Poesien wie auch die anderer Leute.[328] Hinzu kommen noch seine Predigten.[329] Auch als er schon wieder in Deutschland war, ließ er es sich nicht nehmen, die Feder zu führen, denn 1915 war er Redakteur des Zossener-Synodalblattes.[330]

1899-1900 wurde ein kurzer Bericht von ihm in den Beiträgen zur Kolonialpolitik und Kolonialwirtschaft in Berlin veröffentlicht.[331] Es waren vier Seiten über das Deutschtum in Brasilien, in denen er die lokale Lage der Deutschen und deren Nachkommen zusammenfasste und die Bedeutung des Deutschtums und dessen Erhaltung darstellte.

Er sprach in dem Bericht die Unterstützung des Kaisers aus Deutschland für die Schulen an und meinte, dass die Vereine sich auch betätigen sollten: „zur Erhaltung des Deutschtums im Auslande u.s.w., [sic] sollten den deutschen Schulen Südbrasiliens ein weitgehendes Entgegenkommen zu teil werden lassen, damit dieser mächtige Träger deutscher Kultur auch auf weitere Kreise segenbringend einwirken könne." Ebenso sollte die Presse unterstützt werden.[332] Die deutsche Verwaltung müsse dort einspringen, wo anders keine Hilfe zu verschaffen sei, damit das Deutschtum eine sichere Grundlage bekäme.[333] Ob absichtlich oder nicht machte er mit diesen Worten Werbung für Brasilien in Deutschland.

Außerdem erschien auch ein Text von ihm in der Zeitung *Urwaldsbote*, der eine ganz

---

[326] Ibid.

[327] Wettstein: Brasilien und die Kolonie Blumenau, S. 250.

[328] Silva: Pastor Hermann Faulhaber, hier: S. 33.

[329] Ibid., hier: S. 32.

[330] EZA 14/22798 zu Faulhabers Personalia, Zitat: ein Brief vom 26. Mai 1915, vom Superintendent a.D. Direktor des Christlichen Zeitschriftenvereins Theodor Brandin aus Berlin an den Präsident des Konsistoriums.

[331] Faulhaber: Deutschtum in Südbrasilien.

[332] Ibid., Zitat hier: S. 438.

[333] Ibid., hier S. 437: Er betont gleichzeitig, dass das aber nicht mit politischer Kontrolle gleichgesetzt werden könnte.

andere Seite von ihm in Erscheinung treten lässt. Es ging um einen Fall, in dem ein Schüler seiner Meinung nach Züchtigung brauchte und diese physisch erteilt bekam. Das Problem war, das diese Strafe dem Generalinspektor des Bundeslandes SC gemeldet wurde. Solche Strafen waren aber per Gesetz verboten, wodurch es zu einem offiziellen Briefverkehr zwischen dem Inspektor und Faulhaber kam. Der Wortlaut der Briefe ist nicht wichtig, denn seine Meinung stellt er klar in dem Inhalt des veröffentlichen Textes: er war der Ansicht, wenn Reden und Worte nicht mehr ausreichen würden, dann sei es legitim, eine Tracht Prügel zu verpassen.[334]

Diese Worte und seine Einstellung klingen befremdlich und man kann auch nicht nachvollziehen, bis wann sie, trotz gesetzlichem Verbot, angewendet wurden. Dennoch ist es wohl nicht zu weit gegriffen zu behaupten, dass die körperliche Strafe nicht nur von ihm bejaht wurde und öfter Anwendung fand, sonst hätte er die Konsequenzen bedenken müssen, die aus der Veröffentlichung eines solchen Textes hätten folgen können.

Die „Neue Schule“ wurde kurz vor Faulhabers Ankunft in Brasilien gegründet und brauchte eine energische Hand, da die Schule durch eine Krise zwischen den Katholiken und Protestanten der Stadt entstand. Er wurde von der Leitung der Schule zum Inspektor ernannt und bekam so praktisch die Leitung der Schule übertragen.[335] Dies geschah bald nach seiner Ankunft und er instituierte Regeln, die die Schule zum Modell machten. Er verfasste auch Traktate für seine Schüler.[336]

Er war also Pfarrer und „gleichzeitig Leiter der von der deutschen Schulgemeinde in Blumenau unterhaltenen Fünfklassigen ‚Neuen Schule‘, welche aus dem Reichsschulfonds unterstützt“ wurde.[337]

Am 15. Januar 1901 erschien ein Bericht von Hochstetter, in dem der Autor betonte, dass der Leiter der deutschen Schuler – Faulhaber – „eine Hauptstütze des dortigen

---

[334] Ders. (Übersetzt ins Portugiesische von Edith Sophia Eimer): Educação no Passado. A Disciplina na Escola [1899], in: Blumenau em Cadernos 31/1 (1990), S. 24-29. Siehe die sechs Seiten, die in der Zeitschrift in Form einer Übersetzung erschienen. Das Original wurde am 15. April 1899 unter der Nummer 42 in der Zeitung *Urwaldsbote* veröffentlicht. Er verurteilte das Gesetz, das körperliche Züchtigung nicht erlaubte, denn jeder Jugendliche musste mal lernen zu gehorchen, um später auch befehlen zu können. Diese Strafen seien zur Erziehung nötig, weil alle anderen schnell ausgeschöpft seien. Außerdem sollten sie selten vorkommen, damit eine Androhung ausreiche um die Kinder in den Schranken zu halten. Die einzige Möglichkeit, Verwundungen zu vermeiden, sei mit Bedacht vorzugehen und nicht in einem Moment des Zornes.

[335] [-]: Figuras do Passado. Pastor Hermann Faulhaber, in: Blumenau em Cadernos 7/1 (S.a.), S. 13-14, hier: S. 13: Die Schüler seien von da an seine Hauptsorge gewesen.

[336] Silva: Pastor Hermann Faulhaber, hier: S. 32.

[337] EZA 5/2488 zu den deutschen evangelischen Gemeinde, Zitat: S. 63. Auszug aus der Mitteilung des evangelischen Ober-Kirchenrats an die Generalsynode 1903 „über die mit der Landeskirche der älteren Provinzen in Verbindung stehenden deutschen Kirchengemeinden außerhalb Deutschlands.“

Deutschtums" sei, denn damals bestand die Schule aus zwei Klassen und zum Zeitpunkt als der Bericht verfasst wurde waren es fünf Klassen, die von „der kaiserlich deutschen Regierung unterstützt" wurden.[338]

In einem Schreiben vom 29. November 1900 wird auch deutlich, dass Faulhaber für die Gründung des Lehrer- und Schulvereins verantwortlich war.[339] Auch Binder schrieb, dass Faulhaber diesen Verein der Lehrer und der Schulgemeinden organisierte.[340] Die Gründung des „Lehrer- und Schulvereins, der die deutschen Schulen der Kolonie zu einem Verbande" zusammenschloss, erfolgte 1900 und dieser Verein hatte beschlossen, sich dem „Allgemeinen Deutschen Schulverein" in Berlin anzugliedern.[341]

Faulhaber war viele Jahre lang eine sehr wichtige Person für die „Neue Schule", auch die „Deutsche Schule" genannt. Als Lehrer war er sehr engagiert, damit die Kinder den größten Nutzen daraus ziehen konnten. Er ließ sogar ein Buch über die Geschichte Brasiliens in Bremen auf eigenen Kosten drucken.[342]

Als er im Jahre 1903 sein Werk „Leitfaden für den Unterricht in der Geschichte von Brasilien" herausgab, arbeitete er schon seit 12 Jahren als Lehrer und Leiter der „Neuen Schule" in Blumenau. Anhand dieses Buches, das er auf eigene Kosten herausgab, versuchte er, die Geschichte Brasiliens den Kindern der deutschen Schulen in Brasilien näherzubringen.[343]

Auf 255 Seiten schrieb er über die Entdeckungsreisen und die Entdeckung Brasiliens im April 1500 durch Pedro Alvares Cabral, der das Land eigentlich auf der Suche nach einem Seeweg nach Indien entdeckte. Im ersten Teil beschreibt er die Entwicklung Brasiliens, den Kampf der Portugiesen um den Besitz des Landes z.B. gegen die Franzosen, gegen die Holländer und nicht zuletzt gegen die Spanier. Für ihn sind die Gründungen der *capitanias*, – Erblehen –, wichtig, genauso wie die Sklaven- und Indianerfrage. Im zweiten Teil zeichnete er die Entwicklung der einzelnen Staaten zu ihrer damaligen Gestalt nach und im

---

[338] EZA 5/2482 zu Blumenau. Bd. 1, Zitat: S. 123 gestempelte Nummer. E.O. 179. Bericht in einer Zeitung, die man nicht identifizieren kann, vom 15. Januar. Das Deutschtum im Auslande vom Januar 1901 N.1. Autor: W. Hochstetter. Diese gedruckte Quelle erwähne ich im Bereich der ungedruckten Quellen des EZA, weil es in dieser Akte, sonst mit ungedruckten Quellen, abgelegt wurde. Außerdem ist der Name der Zeitung nicht vorhanden, was eine Suche dieser Quelle ohne diese Angaben erschweren würde.

[339] Ibid., Zitat hier: S. 121 gestempelte Nummer. E.O. 6371. Brief vom 29. November 1900 an Faulhaber von Wevers und Köhler vom Evangelischen Oberkirchenrat.

[340] Methner: A Comunidade Evangélica, hier: S. 281.

[341] EZA 5/2482 zu Blumenau. Bd. 1, Zitat: S. 123 gestempelte Nummer. E.O. 179. Bericht in einer Zeitung, die man nicht identifizieren kann, vom 15. Januar. Das Deutschtum im Auslande vom Januar 1901 N.1. Autor: W. Hochstetter.

[342] Silva: Imprensa, S. 27.

[343] Faulhaber: Leitfaden für den Unterricht in der Geschichte von Brasilien. Blumenau 1903. S. III.

dritten Teil geht es um die Selbständigkeit des Landes, also die allgemeine Lage vor der Unabhängigkeit, das portugiesische Königshaus in Rio de Janeiro, Dom Pedro als Prinzregent und Kaiser nach der Unabhängigkeit, sein Sohn Dom Pedro II. und die Proklamation der Republik im November 1889. Er geht soweit, dass er am Ende die Regenten von Portugal zur Zeit der Entdeckungen auflistete, dazu noch die Regenten Brasiliens, eine Reihenfolge der Päpste und der bedeutendsten Vertreter in den Erblehen und *donatárias* – die verschenkte Lehen – bis hin zur Selbständigkeit Brasiliens. Er behandelte alle Provinzen bzw. Bundesstaaten gleichmäßig, indem er den geschichtlichen Hintergrund darstellte und geographische Angaben machte. Dennoch unterließ er auch kritische Bemerkungen nicht.

Es geht mir nicht darum, die Frage zu beantworten, ob alle Daten seines Werkes historisch stimmen – einige Fehler sind schnell entdeckt – außerdem gab er seine Quellen nicht an, was für ein Unterrichtsbuch verständlich ist, denn es ist kein wissenschaftliches Werk.

Er selbst war im Vorwort von 1901 der Ansicht, dass seine Geschichte Brasiliens, die 1903 herausgegeben wurde, als ein erster Versuch in dieser Hinsicht Mängel aufweisen könnte, da sogar die vorhandenen Lehrbücher zum Teil nur mangelhafte Abrisse über die Geschichte brächten und dazu auf Portugiesisch, also für die Deutschen eher ungeeignet seien. Also würde sein Leitfaden über die Geschichte Brasiliens eine Lücke füllen.[344]

> Die geschichtliche Entwickelung eines Volkes in seiner Vergangenheit ist gleichsam ein Spiegel für das gegenwärtige Geschlecht [...]. Wer für sein Volk ein Herz hat, der führe ihm und seiner Jugend begeistert und begeisternd vor die Licht- und Heldengestalten, damit sie nachgeahmt werden, und ebenso ehrlich die Schattenseiten, damit sie als warnendes Beispiel dienen.[345]

Wenn er diese Mängel in Bezug auf die brasilianische Geschichte im Unterricht mit deutschen und deutschstämmigen Kindern aufarbeiten wollte, indem er die historische Entwicklung mit seinen Helden und Antihelden, mit den Siegen wie auch den Niederlagen als Beispiel darstellen wollte, dann kann man daraus schließen, dass sie einen Teil dieses Volk werden sollten. Dies bedeutet aber nicht zwangsläufig, dass die Deutschen sich ganz assimilieren sollten.

Denn für Wettstein bedeutete das deutsche Wesen, das in den Privatschulen weitergegeben wurde, eine höhere Kultur und im Jahr 1900 wurde der Lehrer- und Schulverein in

---

[344] Ibid., S. IIIf.
[345] Ibid., S. III.

Blumenau gegründet, der 1904 zum „deutsche[n] Schulverein für Sta. Catharina“[346] und somit Stütze des Deutschtums wurde.

5.5. Faulhaber: ein Deutscher in Brasilien

Faulhaber kam 1889 nach Brasilien und erlebte dadurch noch die Nachwirren der Proklamation der Republik.

Denn im Juli 1893 marschierten deutsche Männer im Einverständnis mit der Bundesregierung nach Desterro – heute Florianópolis – gegen den amtierenden Gouverneur. Danach, als die Männer zurückgekehrt waren, änderte die Bundesregierung angeblich ihre Position und die Polizei marschierte gegen Blumenau auf. Diese erreichte ihr Ziel jedoch nicht, sondern unterlag der Stadt. In den folgenden Jahren sorgte dann die föderalistische Partei für Aufruhr in der Stadt.[347]

Von diesen politischen Auseinandersetzungen versuchte Faulhaber, sich fernzuhalten. Ihn interessierten das religiöse Leben seiner Gemeindemitglieder und die Bildung seiner Schulkinder. Dies kam damals einer Auseinandersetzung mit der deutschen Sprache und Kultur gleich, sowie mit der in Brasilien entstandenen deutschbrasilianischen Identität.

Faulhaber selbst schrieb, dass er sich sorgfältig dem Unterricht der vaterländischen Geschichte widmete.[348] Und mit diesem Vaterland meinte er eindeutig Brasilien. Eine bezeichnende Aussage eines eingewanderten Deutschen über das Land, das ihn aufnahm. Darum geht es mir, klarzustellen, wie wichtig ihm sein Unterfangen überhaupt war.

Er wollte dem Schulwesen in Brasilien einen Dienst erweisen und ging dabei noch viel weiter – daher verdient es diese Aussage, im Wortlaut wiedergegeben zu werden:

> Da die Zahl der deutschen Schulen in Brasilien heut schon eine recht stattliche ist, da *die brasilianischen Bürger deutscher Zunge erfahrungsmäßig die Entwickelung ihres neuen Vaterlandes* sehr gern verfolgen, und da dem heranwachsenden Geschlechte durch den Geschichtsunterricht die *Liebe zum Vaterlande* in der deutschen Sprache ebenso gut als in der portugiesischen beigebracht werden kann und soll, so glaube ich, die mühevolle Arbeit nicht vergeblich getan zu haben.[349]

Demnach wurde die Entwicklung des neuen Vaterlandes von den brasilianischen Bürgern deutscher Abstammung verfolgt und die Liebe zum brasilianischen Vaterland sollte den Kindern in Deutsch und Portugiesisch beigebracht werden. Es ist auch wahrscheinlich,

[346] Wettstein: Brasilien und die Kolonie Blumenau, S. 247f.
[347] Wilhelm Lacmann: Ritte und Rasttage, S. 47.
[348] Faulhaber: Leitfaden für den Unterricht in der Geschichte von Brasilien, S. III.
[349] Ibid., S. IV: Meine Hervorhebung von *die brasilianischen* bis *Vaterlandes* und von *Liebe* bis *Vaterlande*.

dass Faulhaber die Lage so einschätzte, dass die Kinder selbstverständlich Deutsch weiter lernten, aber Portugiesisch nicht vernachlässigen sollten, da sie nun mal in Brasilien lebten und Portugiesisch die Amtssprache war.

Auch Freyre hielt es für die Kultur und Entwicklung des Landes wichtig, dass der Brasilianer zwei Sprachen – egal ob die deutsche, französische, italienische oder englische – sprechen konnte. Denn im Falle der deutschen Sprache könnte die entstehende brasilianische Kultur bereichert werden.[350]

Wie Voigt es darstellt, wird in der Literatur nur betont, dass die Kolonien ein abgeschottetes Leben ohne Kontakt zur brasilianischen Regierung führten, aber Portugiesisch zu sprechen war *conditio sine qua non* um jegliche Chance wahrzunehmen.[351]

Faulhabers Aussage lässt darauf schließen, dass er sich seit seiner Ankunft in Brasilien nicht nur gut eingelebt hatte, sondern sich auch mit seinem neuen Vaterland identifizierte.

Diese Identifizierung mit Brasilien ist ihm wohl nicht schwergefallen, aber man darf nicht vergessen, dass er in einer Stadt lebte, die eine ehemals deutsche Kolonie war, die von der deutschen Kultur geprägt war und vieles aus Deutschland übernommen hatte. Er wurde also nicht direkt mit der brasilianischen, sondern mit der deutschbrasilianischen Kultur konfrontiert, die sich aus dem Kontakt zwischen Deutschen, Deutschstämmigen und auch Brasilianern ergab. So muss es auch bei Faulhaber in irgendeiner Weise einen Anpassungsprozess gegeben haben.

Wie Willems es darstellte, ist der Assimilationsprozess die Verbindung zwischen den bisherigen und neuen Einstellungen sowie kulturellen Werten, mit denen der Einwanderer in Kontakt tritt. Also eine Angleichung, die von der Loyalität der jeweiligen Person – die je nach Ort, Zeit und kulturellem Hintergrund unterschiedlich ist – abhängt. Die Phase der Übergangszeit von einer Kultur in die andere wäre so eine Zeit der Marginalität.[352]

In den USA war es nicht anders: dadurch, dass die Einwanderer und deren Nachkommen die Bevölkerungsmehrheit in bestimmten Regionen wie in Wisconsin bildeten, kam es nicht zur Assimilation. Auch wenn unter den Einwanderern Unterschiede vorhanden waren, wurden „sie von den gebürtigen Amerikanern als *eine* Gruppe" betrachtet.[353] Denn

---

[350] Gilberto Freyre: Nós e a Europa Germânica, S. 48.

[351] Voigt: A Invenção do Teuto-Brasileiro, S. 147.

[352] Willems: A Aculturação dos Alemães, S. 7 und 9: Die Isolierung bestimmter Einwanderergemeinden kann zu einer kulturellen Homogenität führen, die Konflikte erst bei den nächsten Generationen auslösen kann.

[353] Helmut Schmahl: Verpflanzt, aber nicht entwurzelt. Die Auswanderung aus Hessen-Darmstadt (Provinz Rheinhessen) nach Wisconsin im 19. Jahrhundert. Frankfurt am Main u.a. 2000. S. 337f.: Hervorhebung im

es ist ein einfacher Prozess, dass sich relativ homogene Immigrantengemeinden im Ausland bilden.[354]

Blumenau war am Beginn ihres Entstehens, wie viele andere deutsche Kolonien, relativ homogen, insbesondere wenn man es von außen betrachtete – auch wenn intern Unterschiede bestanden, z.B. bezüglich der Herkunftsregion. Im Vergleich zu vielen anderen Kolonien entwickelte sich Blumenau relativ schnell. Dr. Blumenau selbst achtete auf das religiöse Leben und auf das Bildungswesen seiner Kolonisten. So wurde, wie schon erwähnt, in Blumenau für die Bildung der Einwanderer schon in den ersten Jahren gesorgt.

Blumenau war bei Umbruch des Jahrhunderts eine kleine Stadt, die längst nicht mehr isoliert war, somit musste die Stadt sich der Umgebung anpassen, ebenso ihre Bewohner.

> In der zweiten Hälfte des 19. Jahrhunderts begann die kulturelle Isolierung aufzubrechen, ein Prozeß, der sich zu Beginn des neuen Jahrhunderts beschleunigte. Die Entstehung größerer Gemeinden und Kleinstädte bot die Möglichkeit zu sozialer Differenzierung und zur Ausübung freier Berufe, die bisher den Luso-Brasilianern vorbehalten waren. Damit ergab sich ein Kontakt mit den brasilianischen Mittelklassen.[355]

1903 oder 1904 schon vermittelten drei kleine Dampfer den Verkehr mit dem Hafen von Itajaí und beide Städte waren über eine Telegraphenleitung verbunden. Allerdings gab es einen Mangel an Pflaster und Beleuchtung für die Straßen.[356] Die Stadt entwickelte sich und der Kontakt zu anderen Städten und Ethnien wurde immer bedeutender.

Eine Anpassung an die neuen Verhältnisse der Stadt oder besser gesagt eine Weiterentwicklung der Bewohner war somit sehr wichtig geworden. Denn durch die Kontakte mit der Welt außerhalb der eigenen Stadt und mit dem wirtschaftlichen Fortschritt kamen die Annahme der portugiesischen Sprache und eine Wahrnehmung der brasilianischen Verhältnisse und Traditionen. So musste sich auch die Schule an diese neuen Erfahrungen anpassen und diesen gerecht werden.

> Die Aufgabe des Geschichtsunterrichtes ist die geordnete Darstellung der zeitlichen Entwickelung und der äußeren Begebenheiten eines Volkes. Derselbe soll das Denken klären,

---

Original. In den Darmstädter Settlements und ihrer Nachbarschaft entwickelte sich ein deutschamerikanisches kulturelles Leben, das in vielerlei Hinsicht dem in der alten Heimat glich.

[354] Willems: A Aculturação dos Alemães, S. 6f.: Auch wenn diese Leute bestimmte – für sie – neue Elemente aufnehmen wollen, bedeutet das auch, dass sie andere Werte aufnehmen müssen. So kommt es dazu, dass fremde Elemente aufgenommen werden, durch Anpassung an die neue Umgebung: Wohnungskultur, Arbeit, Essen, u.a. ohne dass man es bewusst wahrnimmt, ändern sich die „Gewohnheiten der Individuen und die Bräuche der Gemeinde."

[355] Brunn: Deutschland und Brasilien, S. 171f.: Langsam wurde auch am politischen Leben teilgenommen, obwohl die Deutschbrasilianer in der Politik eher unbedeutend waren.

[356] Wilhelm Lacmann: Ritte und Rasttage, S. 45.

> Ursachen und Wirkungen erklären, Erfahrungen und Tatsachen schildern, gute und schlechte Beispiele zum Nachahmen und zum Abschrecken vorführen. Dadurch soll das Gefühl veredelt und ein Gefühl für Nationalehre erweckt und erzogen werden. Die Geschichte soll weiter den Willen kräftigen und den Charakter stählen.[357]

Wieder setzt er sich mit guten und schlechten Beispielen auseinander, d.h. er wollte bei den Kindern, die er unterrichtete und die sein Buch lasen, das Gefühl der brasilianischen Nationalehre erwecken und somit integrierte er sie in der Geschichte Brasiliens und verstand sie als einen Teil des brasilianischen Volkes. Das Volk, von dem die Deutschbrasilianer umgeben waren und mit denen sie lebten.

Zu Faulhabers Privatleben kann man sagen, dass er schon am 29. Oktober 1895 Alice Baumgarten heiratete[358], die ihm drei Kinder gebar: Roland, der im letzten Krieg verschwand, sowie die Töchter Rut und Joana, die später beide nach Blumenau zurückkehrten, um bei den Tanten zu leben.[359]

1957 wurde ein Text in der Zeitschrift *Blumenau em Cadernos* veröffentlicht, der die Bedeutung Faulhabers betonte, sowohl als Pastor als auch als Organisator der „Neuen Schule“, der den Lehrerverband und einige Gemeindeschulen gründete. Darüber hinaus war er Herausgeber der Zeitungen *Urwaldsbote* und *Christenbote*, Autor und Herausgeber eines Buches über die brasilianische Geschichte in deutscher Sprache, unter anderen Publikationen.[360] Sein Buch war für die 3.400 Kinder der privaten Schulen im Itajaítal wichtig, seine Poesien zeugten von einer großen Bewunderung für Brasilien.[361]

Als Kirchenmann war der Pastor für das seelische Wohl seiner Gemeindemitglieder verantwortlich, in diesem Sinne wirkte er sehr aktiv. In seine Amtsjahre fällt die Erbauung der evangelischen Kirche in Itoupava Central und das Treppenhaus der evangelischen Hauptkirche in Blumenau.[362]

---

[357] Faulhaber: Leitfaden für den Unterricht in der Geschichte von Brasilien, S. III.

[358] Evangelisches Pfarrerbuch, S. 194.

[359] [-]: Figuras do Passado. Pastor Hermann Faulhaber, in: Blumenau em Cadernos 7/1 (S.a.), S. 13-14, hier: S. 14: Leider war es mir von Deutschland aus nicht mehr möglich, herauszufinden, zu welchem Jahr diese Aussage gehört. Aufgrund der ersten Erscheinung des Werkes im Jahr 1957 könnte es das Jahr 1962 oder 1963 sein und der Krieg muss der Zweite Weltkrieg sein. Den Ersten Weltkrieg – über den Faulhaber sehr traurig war – erlebte er noch. Seine Frau Alice überlebte ihn um einige Jahre, da sie erst am 11. November 1946 verstarb.

[360] [-]: Centenário da Comunidade Evangélica de Blumenau, in: Blumenau em Cadernos 1/1 (1957), S. 14-15, hier S. 15: Die Angabe ist hier ausführlich, weil der Name des Verfassers nicht bekannt ist. Der Verfasser diese Seiten schrieb, dass Faulhaber 26 Jahre der Schule vorstand. Entweder beruht diese Zahl auf einem Irrtum oder es ist ein Tippfehler, denn so lange war er nicht in Brasilien.

[361] [-]: Figuras do Passado. Pastor Hermann Faulhaber, in: Blumenau em Cadernos 7/1 (S.a.), S. 13-14, hier: Beide Seiten.

[362] Ibid., hier: S. 14: Er soll auch ein guter Redner gewesen sein, denn er hielt die Grabrede der im „Krieg“

Faulhaber war 16½ Jahre als Pfarrer in Blumenau tätig als er im Juni 1906 den Anweisungen des Oberkirchenrats folgte und die ihm zugewiesene Pfarrstelle zu Himmelpfort in Brandenburg annahm.[363]

Am 25. August wurde dann die baldige Ankunft des neuen Geistlichen angekündigt. Mummelthey aus der Provinz Brandenburg sollte Anfang September in Blumenau ankommen. Die Berufung für die evangelische Kirchengemeinde in „Blumenau erfolgte durch die Vermittlung des Oberkirchenrats in Berlin.“[364] Laut Nachricht des Kirchenvorstands der Evangelischen Kirchengemeinde Blumenau vom 8. September sollte am 16. September der Gottesdienst stattfinden, in dem Pastor Walter Mummelthey sein Amt antreten würde und somit in die Gemeinde eingeführt werden würde.[365]
Schon im nächsten Monat, am 10. Oktober, schickte Mummelthey an den Oberkonsistorialrat eine Karte, auf der man die protestantische Kirche und das Pfarrhaus in Blumenau sieht. Er schrieb, dass er sich freute, Königsberg gegen Blumenau getauscht zu haben.[366]
Damit gab es einen Nachfolger für den Kirchenmann Faulhaber in Blumenau. Es beendete aber nicht die Wirkung seiner Tätigkeiten für die Stadt, denn er blieb in vielen Bereichen sehr präsent, fühlte sich von Deutschland aus mit Brasilien verbunden und unterhielt Kontakte zu Brasilien.

5.6. Die Rückkehr nach Deutschland

Methner war der Ansicht, dass nach 17 Jahren Engagement für das Schulwesen und den religiösen Unterricht in Blumenau Hermann Faulhaber schließlich aufgrund einer Erkrankung nach Deutschland zurückkehrte.[367] Silva dagegen berichtete davon, dass er dazu gezwungen wurde, nach Deutschland zurückzukehren – und zwar über seine Amtspflicht.[368] Auch der Verfasser des Textes in der Zeitschrift *Blumenau em Cadernos*

---

von 1894 Gefallenen. Es ist ein Bezug auf eine Auseinandersetzung, die in Florianópolis stattfand. Er mag zwar ein guter Redner gewesen sein, doch hier kommt deutlich ein überschwenglicher Laudatio Ton zum Vorschein, denn Pastoren waren für solche Reden wohl verantwortlich.

[363] EZA 5/2488 zu den deutschen evangelischen Gemeinde, Zitat: Bericht des deutschen Aussiedlers von November 1907 „zum 50 jährigen Jubiläum der evangelischen Gemeinde in Blumenau."

[364] Der Urwaldsbote. Jahrgang 14 Nr. 8. (25. August 1906), hier S. 2.

[365] Der Urwaldsbote. Jahrgang 14 Nr. 10. (8. September 1906), hier S. 4.

[366] EZA 5/2483 zu Blumenau. Bd. 2. Von Mai 1906 bis Dezember 1920, Zitat: Ansichtskarte von Mummelthey an den Oberkonsistorialrat am 10. Oktober 1906.

[367] Methner: A Comunidade Evangélica, S. 281. Der Verfasser rundete die Zahl nach oben ab, denn Faulhaber war eher ein halbes Jahr weniger tätig in Blumenau, wie oben ersichtlich wurde.

[368] Silva: Imprensa, S. 27.

behauptete, dass er seines Amtes wegen zurückkehrte.[369]

Am 7. Juli 1906 schrieb Faulhaber an die evangelische Kirchengemeinde Blumenau: „Infolge meiner Ernennung zum Pfarrer von Himmelpfort bei Templin, Regierungsbezirk Potsdam, sehe ich mich *genötigt*, meine Rückreise in die alte Heimat recht bald anzutreten". Dann kündigte er noch seinen letzten Gottesdienst, der am nächsten Tag, am 8. Juli erfolgen sollte, an.[370]

Hier ist deutlich, dass er nicht wirklich freiwillig nach Deutschland zurückkehrte, denn er sah sich dazu genötigt. Demnach ist er wohl die Reise schweren Herzens angetreten, zurück in sein Heimatland, das er – wenn man die Hin- und Rückreise noch hinzu rechnet – vor fast 17 Jahren zurückgelassen hatte, um ein Leben in Brasilien aufzubauen. Dass er dazu gedrängt wurde, Brasilien zu verlassen, wird auch in den Quellen des EZA deutlich.

Pastor Schlegtendal schrieb am 1. Juni 1906 an den Präsident des Evangelischen Oberkirchenrates – auch EOK genannt – einen privaten Brief, indem er ihn über die Meinung Runtes – Pastor in Badenfurt, zu Blumenau gehörig, und Vorsitzender der Pastoralkonferenz – in Kenntnis setzte. Er wiederholte Runtes Worte indem er klarstellte, dass Faulhabers Handlungsweise sich für die Lutheraner vom Gotteskasten positiv auswirkte. Er hoffte, Faulhaber würde das Land bald verlassen, denn „die Hauptschuld an den Wirren in Blumenau auf kirchlichem Gebiet kommt auf sein Konto." Runte war der Meinung, dass Faulhaber laut Evangelischen Oberkirchenrat seinen Nachfolger vier Wochen betreuen würde. Runtes Ansicht nach war das für die Akzeptanz des neuen Kirchenmannes gefährdend. Eine Meinung, die Runte schon in drei oder vier anderen Briefen klar darstellte. Und dies war der Grund für Schlegtendals Schreiben: er empfiehlt, dass Faulhaber gleich nach der Ankunft des neuen Geistlichen abberufen werden sollte. [371]

Kapler, Präsident des EOK antwortete Schlegtendal am 10. Juni 1906, dass Faulhaber schon vor einiger Zeit mitgeteilt wurde, dass er die Ankunft des Nachfolgers nicht abwarten sollte. [372]

---

[369] [-]: Figuras do Passado. Pastor Hermann Faulhaber, in: Blumenau em Cadernos 7/1 (S.a.), S. 13-14, hier: S. 14.

[370] Der Urwaldsbote. Jahrgang 14 Nr. 1. (7. Juli 1906), hier S. 4. Eigene Hervorhebung.

[371] EZA 5/2483 zu Blumenau. Bd. 2, Zitat: S. 13f. E.O. 3197. Seitenangabe folgt nicht einwandfrei. Privatbrief vom 1. Juni 1906 von Pastor Schlegtendal aus Düsseldorf-Grafenberg, der vom Präsident des Evangelischen Oberkirchenrates am 16. Juni entgegen genommen wurde. Außer der oben geschilderten Situation spricht der Verfasser des Briefes auch noch andere Details über die evangelischen Gemeinden in SC und deren Angelegenheiten an.

[372] Ibid., Zitat hier: S. 15f. Seitenangabe folgt aber nicht einwandfrei. Abschrift der Antwort Kaplers, Präsident des Evangelischen Oberkirchenrates, am 10. Juni 1906 an Pastor Schlegtendal aus Düsseldorf-Grafenberg. Außer der oben geschilderten Aussage, ging er noch auf die anderen Themen ein, die

Die ganze Situation muss viel Material für Spekulationen gegeben haben: irgendwann ist das Gerücht aufgetaucht, dass Faulhaber beabsichtigte, sich aus gesundheitlichen Gründen pensionieren zu lassen, nach Brasilien zurückzukehren und dort als Schriftsteller zu arbeiten. Denn die Pastoralkonferenz von SC beauftragte Braunschweig, dem Oberkonsistorialrat privat dieses Anliegen vorzutragen. Die Konferenz fürchtete – Braunschweigs Meinung nach zu Recht –, dass „die kirchlichen Verhältnisse im Munizip Blumenau, die eben langsam einer Gesundung entgegen gehen, aufs neue und unheilbar zerrüttet werden“ würden. Sollte das Gerücht der Wahrheit entsprechen, müsste man seine Rückkehr verhindern.[373]

Am 8. Dezember 1907 wurde aber ein Brief verfasst, der davon berichtet, dass es nicht bekannt sei, dass Faulhaber sich emeritieren lassen und nach Blumenau übersiedeln wolle. Zumal Faulhaber erst am 15. Oktober desselben Jahres aus Himmelpfort – Diözese Templin – aus gesundheitlichen Gründen nach Genehmigung des EOK „auf das Diakonat in Trebbin, Diözese Possen, versetzt worden“ war. Durch die Annahme der neuen Pfarrstellte war dies nicht anzunehmen. Auch Mitte Oktober hatte er dies in einem an den Minister gerichteten Gesuch nicht erwähnt.[374]

Pastor Runtes ständige Berichte über die Situation und seine persönliche Meinung waren wie geschaffen, um Faulhabers Ansehen und Kompetenz in Frage zu stellen, wie viel davon der Wahrheit entsprach, oder was für Vorteile Runte sich ausmalte, ist unklar.

Pastor Runte fasste die Situation der Gemeinde Itoupava so zusammen: Pastor Rösel wurde von der Versammlung mit einer Majorität von vier Stimmen gekündigt. „Nun hat aber Pastor Rösel einen mächtigen Staatsstreich gegen die Gemeinde Itoupava [ausgeführt] [...], indem er die Außengemeinde zur Gründung einer evangelischen lutherischen Gemeinde“ bewog und sollte aus dem Pfarrhaus ausziehen. Bruder Langbein sollte die Gemeinde übernehmen und die Außengemeinden seien vorläufig nur teilweise verloren. „Was nun die festen Abmachungen des Herrn P. Faulhaber resp. der Gemeinde Blumenau mit einzelnen Teilen der Gemeinde Itoupava betrifft, so ist mir die Sache nicht ganz klar.“ Auch die Angabe der Gliederzahl wurde angeblich von ihm falsch angegeben. Demnach

Schlegtendal erwähnt hatte.

[373] Ibid., Zitat hier: nicht nummerierte Seite nach 116. Auszug aus einem Brief vom 23. August 1907 von Pastor Braunschweig an Dr. Kapler, Oberkonsistorialrat. Stempel vom Evangelischen Oberkirchenrat erst vom 21. November 1907.

[374] Ibid., Zitat hier: S. 120f. Seitenangabe folgt nicht einwandfrei. Der Brief wurde am 8. Dezember 1907 verfasst und ist am 12. Dezember im Evangelischen Oberkirchenrat eingegangen. Die Unterschrift ist nicht zu entziffern.

meinte Runte: „*Wer sich in irgend einer Sache auf Pastor Faulhaber verlässt, der ist verlassen.* Zu dieser Erkenntnis ist, wie ich hoffe, die hohe Behörde in Berlin schon lange Gekommen.“[375]

Die Rückkehr Faulhabers hängt sicherlich mit der Auseinandersetzung zwischen den evangelischen Gemeinden in Blumenau und dem Gotteskasten zusammen. Natürlich war für seine Abberufung, die seitens des Evangelischen Oberkirchenrates erfolgte, die Meinung der nahestehenden Leute wichtig. Wenn Faulhaber in diesen Berichten negativ in Erscheinung trat, dann konnte oder musste dies für ihn nur negative Auswirkungen haben.

Interessanterweise wanderte, relativ kurz nachdem Faulhaber nach Deutschland zurückkehrte, ein anderer evangelischer Kirchenmann in Brasilien ein: Karl Heinrich Oberacker, der Jahre später – auch nachdem er nach Deutschland wieder zurückgekehrt war – seine Erlebnisse in einem Werk veröffentlichte.[376]

Pastor Oberacker stellte sich dem EOK in Berlin nach dem Abschluss seines Studiums im Frühjahr 1909 zur Verfügung. Aber auch wenn er von Deutschland geschickt wurde, musste er sich dennoch der lokalen Wahl stellen und – in diesem Fall – später für „den Anschluss der [...] Gemeinde an die Preußische Landeskirche“ kämpfen. In der ersten Hälfte des Jahres 1926 kehrte er dann mit seiner Familie – genau wie Faulhaber – nach Deutschland zurück.[377]

---

[375] EZA 121/34 zu Santa Catarina: Badenfurt, Itoupava, Orleans, Joinville, Blumenau, Hammonia, Florianópolis, Santa Izabella, Palhoça. Zitat: A1-A4: Abschrift aus dem Briefe vom 26. Juli 1906 von Pastor Runte aus Badenfurt – Blumenau. Unterstrichene Hervorhebung im Original, kursive eigene Hervorhebung von *Wer* bis *verlassen*. Die Abschrift enthält keinen Empfänger, es muss aber die Evangelische Gesellschaft für die protestantischen Deutschen in Amerika gewesen sein, denn diese sendete am 27. August 1906 einen Brief an den Evangelischen Oberkirchenrat in Berlin, bei dem dieser Abschrift von Runtes Brief beigelegt wurde. Hervorhebungen im Original, wobei nicht auszumachen ist, ob diese in Runtes Brief hervorgingen oder von dessen Abschrift. Siehe auch den Brief S. 1-6 vom Vorsitzenden der Evangelischen Gesellschaft an den Oberkirchenrat in Berlin gleich nach der Abschrift von Runtes Brief in der gleichen Akte im EZA.

[376] Karl Heinrich Oberacker: Im Sonnenland Brasilien. Bilder und Gestalten. Erlebnisse aus Südbrasilien. Karlsruhe 1932. Allerdings wanderte er in eine kleine Gemeinde in Rio Grande do Sul ein. In seinem Werk schildert er die Reise, die Orte, in denen er lebte, das Leben in der Kolonie, die Gesellschaft, seine Arbeit als Pastor, Lehrer, seine Tätigkeit in den Gemeindeschulen und Lehrerverein, die Schwierigkeiten, die damit verbunden waren und nicht zuletzt die Krisenzeiten wie die kirchlichen Auseinandersetzungen und die Jahre des Ersten Weltkrieges. Es wird ziemlich deutlich, dass er das Deutschtum hoch pries, Vorurteile und Rassismus hegte.

[377] Ibid., S. 11, 61, 98, 101, 119, 180, 262, 263, 270 und 357: Als Pastor einer kleinen Gemeinde musste er aus ökonomischen Gründen zusätzlich Landwirtschaft betreiben. Aber er freute sich darüber, dass die Kolonisten Schule und Kirche würdigten. Während des Ersten Weltkrieges musste er dann beteuern, politisch nicht engagiert zu sein. Wie er selber schreibt: „Wir Deutsch=evangelischen Christen müssen uns als die besten Bürger Brasiliens erweisen.“. Während der Kriegszeit seien die Deutschen nämlich ganz auf sich gestellt gewesen und es sei für sie gefährlich gewesen. Aber er betont auch, dass viele Deutsche und Deutschbrasilianer, trotz brasilianischer Staatsangehörigkeit dies auch blieben, denn Staatsangehörigkeit war nicht gleich Volkszugehörigkeit.

Nach ihrer Rückkehr nach Deutschland beschäftigten sich beide Kirchenmänner mit ihrem jahrelangen Aufenthalt in Brasilien. Bei Faulhaber blieb eine enge Verbindung trotz der großen Distanz bestehen.

Er übersetzte die Schrift vom Grafen *Afonso Celso Porque me ufano de meu país*, was so viel heißt wie *Warum bin ich stolz auf mein Land*, ins Deutsche. Dadurch wurde das Werk sehr bekannt und mehrmals nacheinander herausgegeben. Er wurde kontinuierlich eingeladen, um Konferenzen über Brasilien in Schulen und in deutschen Kulturinstitutionen abzuhalten.[378]

Noch 1915 hegte Faulhaber den Wunsch, nach Berlin versetzt zu werden. Zu dem Zeitpunkt gab er als Grund die schulische Bildung seiner Kinder an. Zumindest ist das der Grund, der von Herrn Brandin, Direktor des Christlichen Zeitschriftenvereins, angegeben wurde, den er anscheinend um eine Empfehlung für die Versetzung bat. Der andere Grund waren die Reisen zwischen Trebbin und Berlin, die Faulhaber auf sich nehmen musste, wenn er für das Auswärtige Amt unterwegs war, um Angelegenheiten, die in der portugiesischen Sprache geregelt werden mussten, zu erledigen.[379] Damit sind Angelegenheiten gemeint, die mit Brasilien zusammenhingen.

> Er war vor allem ein großer Bewunderer Brasiliens und hatte ein Brasilien ergebenes Herz. In der Schule, sowie in der Kirche und in der Gesellschaft, vergaß er nie was er [...] dem Vaterland schuldig war, das ihn aufgenommen hatte und das sein Vaterland und des seiner Frau und drei Kinder war. Auch nach der Rückkehr [...] mit seiner Familie in sein Geburtsland Faulhaber liebte, ehrte und rühmte Brasilien weiterhin. In seinem Haus in Trebbin, nahe Berlin, fühlte er sich glücklich, wenn er von Brasilianern besucht wurde; unsere Nationalflagge wurde vor der Fassade seines Hauses bei brasilianischen Feiertagen immer gehisst. Er las immerzu brasilianische Zeitungen und Zeitschriften und abonnierte noch viele Jahre lang den Jornal do Comércio aus Rio.[380]

Gewiss eine sehr romantische Sicht der ganzen Situation, oder zumindest sehr poetisch mit dem Hauch einer Laudatio bereichert. Da Ferreira da Silva seine Quellen nicht nennt, kann man leider nicht nachvollziehen, woher seine Informationen stammen. Wenn es stimmt, dann fühlte er sich sein Leben lang mit Brasilien verbunden.

---

[378] Silva: Imprensa, S. 27. Siehe auch: [-]: Figuras do Passado. Pastor Hermann Faulhaber, in: Blumenau em Cadernos 7/1 (S.a.), S. 13-14, hier: S. 14. Die in Deutschland übersetzte Schrift wurde in Leipzig herausgegeben und erschien in der dritten Auflage 1910. Damit trug Faulhaber dazu bei, Brasilien in Europa bekannt zu machen.

[379] EZA 14/22798 zu Faulhabers Personalia, Zitat: Ein Brief vom 26. Mai 1915, vom Superintendent a.D. Direktor des Christlichen Zeitschriftenvereins Theodor Brandin aus Berlin an den Präsident des Konsistoriums.

[380] Silva: Imprensa, S. 27.

Aber auch seine zwei Töchter erzählten davon, dass er Blumenau und Brasilien nie vergaß. Es war sein Lieblingsthema und an brasilianischen Nationalfeiertagen wurde die brasilianische Fahne vor der Fassade seines Hauses gehisst, er las Zeitungen aus Blumenau und Brasilien und das *Jornal do Comércio* aus Rio de Janeiro.[381]

Während seiner Amtszeit in Trebbin lebten einige Studenten aus Brasilien in seinem Haus, wobei sie dafür nicht sehr viel bezahlen mussten.[382]

Schon am 5. Juli 1907 schrieb Faulhaber an den Präsidenten des Evangelischen Oberkirchenrates in Berlin, dass in Brasilien fünf junge Männer in ein oder eineinhalb Jahren von Faulhabers Nachfolger in der „Neuen Schule" vorbereitet sein würden, um nach Deutschland zu kommen, um ein Lehrerseminar zu besuchen. Demnach war es Faulhabers Plan, diese Schüler während ihres 2 – 3 jährigen Aufenthaltes in Preußen in der Landessprache Brasiliens auf dem Laufenden zu halten und sie zu sich ins Haus zu holen. „Dazu ist meine Versetzung in eine Stadt notwendig, in welcher sich ein Lehrerseminar befindet. Wenn in derselben Stadt auch ein Gymnasium vorhanden wäre", entspräche das noch mehr seinen Plänen. Denn Familien aus dem Bekanntenkreis in Brasilien würden ihn darum bitten, dass die Kinder bei ihm wohnten, während sie ein Gymnasium besuchten. Dazu versprach er, „alle meine Kräfte und Erfahrungen in den Dienst unseres lieben evangelischen Deutschtums in Südbrasilien [zu] stellen." Er bat auch aus anderen Gründen darum, in eine andere Stadt versetzt zu werden. Er war unzufrieden, in Himmelpfort könnte er nicht länger bleiben. Es wäre für seine Gesundheit wegen des Klimas nicht gut.[383]

Außerdem gibt es noch einen anderen Aspekt im Leben eines Immigranten. Bei der Ankunft in einem anderen Land ist er normalerweise der eigenen Kultur gegenüber sehr emotional. Wenn er aber zurückkehrt, bemerkt er meist erst dann, dass seine Erinnerungen nicht mehr der Realität entsprechen und dass seine eigene Identität sich gewandelt hat.[384]

Ich fand keine direkte Aussage von Faulhaber in Bezug auf seine Gefühle über sein Leben in Deutschland. Er war sicherlich dennoch keine Ausnahme und musste sich wohl wieder im eigenen Land einleben. Es ist aus den Quellen deutlich herauszulesen, dass er weiterhin

[381] [-]: Figuras do Passado. Pastor Hermann Faulhaber, in: Blumenau em Cadernos 7/1 (S.a.), S. 13-14, hier: S. 14. Vielleicht entstammt Ferreira da Silvas Notiz, genauso wie diese, dem Hörensagen oder einer Unterredung mit den Töchtern. Oder aber Ferreira da Silva, der sein Werk 1977 veröffentlichte, orientierte sich an der Aussage dieses Autors, welche dieser wahrscheinlich 1962 oder 1963 schrieb.

[382] Ibid.

[383] EZA 7/12312 zu der Einrichtung einer selbständigen Kirchengemeinde Himmelpfort, sowie Ausstellung und Besoldung der Geistlichen und Kirchendiener in derselben. Ab Januar 1899, Zitat: „Einheit" 29: Von Faulhaber aus Himmelpfort am 5. Juli 1907 an den Präsident des Evangelischen Oberkirchenrates.

[384] Willems: A Aculturação dos Alemães, S. 151.

eine enge Beziehung zu Brasilien pflegte und das Land sein Leben lang für ihn wichtig war. Er suchte immer einen Weg, um den Kontakt mit den Leuten, die er dort kennengelernt hatte, aufrecht zu erhalten.

6. Ausblick bis zur Nationalisierungskampagne und die Folgen des Zweiten Weltkrieges in Brasilien

Die ökonomische und demographische Entwicklung der Kolonisation begann in den Regionen außerhalb, nämlich dort wo sich die Leute normalerweise nicht in den beiden südlichsten Staaten niederließen.[385]

Die bereits existierenden Städte versuchten sich gegen die neuen zu behaupten. In SC war es Lages, das sich gegen das neu entstandene Blumenau ökonomisch und politisch nicht behaupten konnte. Ab dem Ersten Weltkrieg gewann die Familie Konder politisch die Oberhand gegen die Familie Ramos aus Lages, aber 1930 änderte sich die Lage, da die Familie Konder sich für Júlio Prestes entschieden gegen die Familie Ramos, die sich für Getulio Vargas entschieden. Mit dem Sieg der Revolutionäre unter Vargas kam die Familie Ramos wieder an die Macht, weswegen die Regionen, die Verbindungen zur Familie Konder hatten, unter der Nationalisierung leiden mussten.[386]

Genauso wurde es von der Bevölkerung wahrgenommen, denn gleich nach der Wahl im Februar 1934 trennte Aristiliano Ramos die Distrikte Hamônia - heute Ibirama -, Gaspar, Indaial und Timbó von Blumenau. Die Stadt war daraufhin nur noch 1650 km^2 groß.[387]

Aber schon 1907 warnte Wettstein vor einer möglichen Trennung aufgrund der Größe der Stadt. Dennoch meinte auch er, dass die Nativisten der Region wirtschaftlich schadeten.[388]

Die Diskussionen um die Assimilierung und der Versuch, die Bevölkerung mit Hilfe europäischer Immigranten „weiß" zu machen, entfachten sich zu einer Zeit, in der sich die

[385] Gertz: Cidadania e Nacionalidade, hier: S. 24. Siehe auch: Gilberto Freyre: Nós e a Europa Germânica, S. 22: Freyre ist gegen die Behauptung, dass sich die Einwanderer in Regionen niederließen, wo es noch keine Zivilisation gab. Er meint, sie hätten sich schon existierenden Gesellschaften – wie im Nordosten, Minas Gerais und Rio Grande do Sul – angeschlossen und bald angepasst, und so wie sie einige Traditionen übernahmen, wurden von den lokalen Gesellschaften auch einige ihrer Traditionen übernommen. Meiner Meinung nach kann er diese Entwicklung für größere Orte annehmen, nicht aber für die Siedlungen, aus denen die Kolonisation hervorging.

[386] Gertz: Cidadania e Nacionalidade, hier: S. 25. Siehe auch: Funke: Das östliche Südamerika. S. 33, 45 und 56: Die Familie Konder dient als Beispiel für die Betätigung der Deutschen in der Politik des Bundesstaates Santa Catarina. Auch wenn die Familie erst spät in Erscheinung tritt. In Santa Catarina waren nämlich schon am Anfang des 20. Jahrhunderts „deutsche" Deputierte im Staatsparlament vertreten, was damals in Rio Grande do Sul noch nicht der Fall war. Der politische Einfluss bestand trotz unruhiger Zeiten und Schwierigkeiten, die von der brasilianischen Regierung gemacht wurden, und so konnten sie trotzdem eine sichere Stellung in der Politik einnehmen.

[387] Frotscher: Identidades Móveis, S. 49.

[388] Wettstein: Brasilien und die Kolonie Blumenau, S. 134f.

deutschbrasilianische Identität formierte. Daraus entstanden immer wieder Krisenzeiten zwischen Brasilianern und Deutschen, die ihre schlimmste Ausartung in der Nationalisierungskampagne des *Estado Novo* fanden.[389]

Schon viel früher, noch vor dem Ersten Weltkrieg, machten sich andere Nationen Sorgen um den deutschen Imperialismus und dessen Folgen in Brasilien.

Über den *Pangermanismo* wurde viel diskutiert: „A symptom rather than a cause of the rampant nationalism of the time, the Pan-German League was identified by English and French propagandists as the coordinating agency of German imperialism."[390]

In der Kriegszeit sollte dies schlimme Folgen haben. Als Brasilien die diplomatischen Beziehungen mit Deutschland in April 1917 abbrach, wurden die Deutschbrasilianer Opfer von Ausschreitung von brasilianischer Seite und deutsche Institutionen wurden zerstört. Im Oktober wurde die Zerstörung noch schlimmer, als Brasilien Deutschland den Krieg erklärte. Die deutsche Sprache wurde in den Schulen und Kirchen gesetzlich verboten. 1917 wurden allein in SC 267 Schulen geschlossen und dadurch, dass es in vielen Regionen mit deutschen Siedlungen keine öffentlichen Schulen gab, wuchsen die Kinder im Krieg fern von jeglicher Bildung auf. Auch für die Kirchen war es eine schlimme Zeit, vor allem in den Städten, weil dort der Druck größer war. Es war selbstverständlich, dass die Lutheraner unter dem größten Druck standen, da sie „die Religion mit der deutschen Sprache und Kultur verbanden". Der Präsident Brasiliens bekam die Macht, das Eigentum der *Feinde* in Beschlag zu nehmen und sogar zu verkaufen.[391]

Wie Funke es darstellte, bewertete er das Verbot der deutschen Sprache im Gottesdienst und nach Abbruch der Beziehungen Brasiliens mit Deutschland während des Ersten Weltkrieges als „Auswüchse nativistischer Hetze".[392]

Luebke meinte, dass versucht wurde, nach dem Krieg das frühere Leben wiederherzustellen. Dennoch sei es nicht auszumachen, wie viele Deutschbrasilianer sich den Brasilianern wegen des Krieges anpassten. „Nichtsdestotrotz sei die ethnische Andersartigkeit durch den Krieg intensiviert worden." Dadurch wurden viele Brasilianer für die Volkspolitik empfänglich.[393]

---

[389] Seyferth: A Colonização Alemã no Brasil, hier: S. 310.

[390] Luebke: Germans in the New World, S. 117.

[391] Ibid., S. 118 und 131. Eigene Hervorhebung: mit Feinden waren eben die Deutschen und deren Nachkommen gemeint.

[392] Funke: Brasilien. S. 425 und 429: Trotz der harschen Worte machte er sich Sorgen bezüglich des Deutschbrasilianertums und des kulturellen Erhalts und hoffte auf Frieden für die Zukunft.

[393] Luebke: Germans in the New World, S. 133.

Dagegen behaupten Gaudig und Veit, dass die antideutschen Maßnahmen während des Ersten Weltkrieges in der allgemeinen Erinnerung blieben, die Deutschstämmigen deswegen vorsichtiger wurden und sich darum bemühten, in Vereinen und Schulen ihre Loyalität als brasilianische Staatsbürger zu betonen und den deutschen Einfluss zu unterdrücken.[394] Man ging mit den deutschbrasilianischen Publikationen behutsam um, das Deutschtum wurde kulturell definiert und eine politische Bindung an das Deutsche Reich verneint.[395]

1927 war Funke der Meinung, dass viele junge Deutsche die Sprache nicht mehr sprechen würden, dass sich damit auch die Gewohnheiten verändern würden und die Leute „brasilianisiert" würden.[396]

Denn Brasilien hatte Angst vor der deutschen Politik, die, wie man meinte, die brasilianischen Südstaaten annektieren wolle, weswegen nativistische Kreise den Deutschen gegenüber vorsichtig waren. Dennoch konnte Deutschland im politischen Sinne nicht mit den Deutschen in Brasilien und deren Nachfahren rechnen.[397] Dagegen war Funke der Meinung, dass „die deutschen Siedlungen in Brasilien [...] ein festes Bollwerk für das überseeische Deutschtum" wären, aber dass es definitiv keine separatistischen Gedanken gab.[398]

Wettstein meinte, dass eine „Aufsicht" Deutschlands in Brasilien überhaupt nicht möglich wäre, allein schon deswegen, weil die eigenen Deutschbrasilianer sich wehren würden. Man sollte lieber die handelspolitischen Gebiete absichern. Er behauptete auch, dass es zu einer Teilung Brasiliens kommen könnte, dass man sich aber von solchen innenpolitischen Angelegenheiten fernhalten solle.[399] Hier bezieht sich Wettstein wohl auf die drei südlichsten Staaten des Landes, die sich trennen konnten, dies aber nicht taten.

Die Idee einer „Deutschen Gefahr" prägte seit dem Ersten Weltkrieg die sozialen und kulturellen Beziehungen der Deutschen und Portugiesen und deren Nachkommen in

---

[394] Gaudig und Veit: Hakenkreuz über Südamerika, S. 81.

[395] Ibid., S. 82. Siehe dazu die Begriffserklärung am Anfang dieser Arbeit.

[396] Funke: Brasilien. S. 366: Eine entgegengesetzte Wirkung könnte seiner Meinung nach eine Ausbildung der jungen Leute in Deutschland bewirken.

[397] Wilhelm Lacmann: Ritte und Rasttage, S. 55 und 68-71: Die Bedeutung Südbrasiliens für Deutschland sei sowieso eher im wirtschaftlichen als im politischen Gebiet zu suchen, also eher ein materielles Interesse. Denn die Kolonie Blumenau machte schon selber Fortschritte in der Landwirtschaft – die aus kleinbäuerlichen Betrieben, die auf die Familie angewiesen waren, bestand. Der Ertrag wurde an die kleinen Händlern weitergegeben.

[398] Alfred Funke: Der Deutsche Kolonist in Brasilien. S.l. [1931]. S. 16f. Dazu auch: Ders.: Brasilien. S. 424 und 404: Trotzdem bräuchte man die Deutschen, möge sie aber nicht. Man bräuchte sie aufgrund ihres Erfolges als Ansiedler: wegen ihrer Intelligenz, Arbeitskraft, Fleiß, Sparsamkeit und dem Wille zum Erfolg.

[399] Wettstein: Brasilien und die Kolonie Blumenau, S. 93.

Brasilien. Nur wenige Politiker des Deutschen Reiches vertraten eine Annexion Deutschlands in Südbrasilien. Die Idee löste, von wenigen Ausnahmen abgesehen, ebenfalls keine Begeisterung unter den Kolonisten aus – auch nicht zwischen 1914 und 1918. Dennoch wirkte sich die explizit negative Haltung gegenüber einer Akkulturation schlecht aus, sowohl politisch als auch vor allem ökonomisch, da man von deutscher Seite darauf bedacht war, die deutschen Industrieprodukte nach Südbrasilien zu schicken und die kommerziellen Interessen der Heimat dort zu vertreten.[400]

Nichtsdestotrotz, die deutschstämmige Bevölkerung in Südbrasilien war nie die Basis der wirtschaftlichen Beziehungen zwischen beiden Ländern, nicht um 1907 und auch nicht in den 30er Jahren.[401]

Sehr interessant ist die Meinung Willems, wenn er die Tatsache anspricht, dass es eine kapitalistische deutschbrasilianische Elite gab, die mit der deutschen Industrie konkurrieren wolle. Dies betrachtete er als Erklärung zur Opposition dieser Elite gegen die lokalen politischen Einmischungen des Dritten Reiches.[402]

Dennoch gab es eine generelle antideutsche Einstellung, die sich dadurch erklären lässt, dass Brasilien sich von Deutschland bedroht fühlte, aber die Idee der „Deutschen Gefahr" auch als ein „Aspekt innerhalb beginnender nationalistischer Strömungen in Brasilien" gesehen werden muss.[403]

Campos Meinung nach entstanden die Konflikte in den 30er und 40er Jahren in SC nicht aufgrund von Auseinandersetzungen der bestehenden Oligarchien – der Ramos auf der Hochebene gegen die Konder des Itajaítals, der Parteien – Integralisten gegen Liberale, oder Brasilianer gegen Ausländer, wobei dies als die Lusobrasilianer gegen alle anderen Ausländer zu verstehen war. Diese Gegensätze zwischen den verschiedenen Gruppen sind nicht direkt mit dem Zweiten Weltkrieg oder den internationalen Beziehungen in Verbindung zu bringen, sondern entstanden durch das nationale Projekt der Homogenisierung des Verhaltens und des Benehmens, um der Heterogenität der kulturellen Minderheiten des Südens entgegenzutreten. Damit wurde die Sprache zur Strategie des Nationalisierungsprojekts.[404]

Außerdem übte die englische und nordamerikanische Propaganda, die die deutschstämmige

[400] Schaden: O estudo sócio-antropológico da aculturação, S. 115.

[401] Gertz: Politische Auswirkungen, S. 162. Dazu auch: Wettstein: Brasilien und die Kolonie Blumenau, S. 123 und 126: Die Ausfuhr Santa Catarinas sei aufgrund des Waldes noch gering, es könnte dort eine größere Entwicklung stattfinden. Der Autor erwartet eine enge Freundschaft zwischen Brasilien und Deutschland.

[402] Ibid., S. 264.

[403] Brunn: Deutschland und Brasilien, S. 213.

[404] Campos: A política da língua na era de Vargas, S. 331-333.

> Bevölkerung in Brasilien als eine Gefahr für die Sicherheit des Kontinents darstellte, einen beträchtlichen Einfluß [aus].[405]

Hier kann man den Einfluss der internationalen Lage und der Meinung anderer Länder bezüglich der Deutschen und Deutschstämmigen in Brasilien deutlich sehen.

Gertz ist der Ansicht, dass die englische und französische Presse in Brasilien einen hohen Stellenwert bezüglich der Meinung über Leute deutscher Herkunft in Brasilien hatte und diese Meinung schwankte je nach internationaler Lage.[406]

Es ist auch kein Geheimnis, dass die brasilianischen Elitepolitiker in den 1930er Jahren eher die Nähe zu starken Regimen suchten, als dass sie einem liberal-demokratischen Regime zur Seite standen. Der *Estado Novo* vertrat eine Ideologie des Autoritarismus und war somit mit dem Faschismus verwandt, mit ihm aber nicht gleichzusetzen.[407]

> Der erste Nationalisierungsakt vor dem Krieg betraf die Deutsche Schule, die wichtigste gemeinschaftliche Institution mit den erlassenen Gesetzen von 1937, die das Lehren der ausländischen Sprachen verboten und die didaktischen Freiheiten der privaten Einrichtungen eingrenzten. [...] Die Schulen, die sich an [sic] der neuen Gesetzgebung nicht anpassen konnten, wurden geschlossen. Auf die Schließung der meisten Schulen gab es eine starke Reaktion, vor allem deswegen, weil die öffentlichen schulischen Einrichtungen nicht alle Kinder aufnehmen konnten. [...] aber ein offener Konflikt geschah erst mit der Erweiterung des Kampagne 1939, als die wichtigsten kolonisierten Regionen von Truppen der Armee besetzt wurden, die als Nationalisierungsagenten galten.[408]

Also traf die Nationalisierungskampagne den Kern des Deutschtums in Südbrasilien, als die deutsche Sprache verboten und die Konsequenzen daraus von allen Leuten gelebt wurden. Das öffentliche Leben sollte noch weit mehr betroffen werden, als die Kampagne 1939 als Konsequenz des Zweiten Weltkrieges intensiviert wurde.

„Die Armee war eines der wichtigsten Interventionsmittel in der Gesellschaft [...] um das Regime zu legitimieren.“ In Blumenau kontrollierte es die Gesellschaft und versuchte, eine brasilianische Identität zu erwecken. Dort und in einigen anderen Orten in SC und PR wurde schon ab 1937 und nicht erst ab 1938 – wie normalerweise angegeben wird – die deutsche Sprache verboten. Die Armee wurde gerufen, um gegen einen internen Feind zu kämpfen, und wurde somit zum Agent der Nationalisierungskampagne.[409]

Blumenau war relativ dicht besiedelt, ökonomisch entwickelt und dadurch, dass dort

---

[405] Gertz: Politische Auswirkungen, S. 10.
[406] Ibid., S. 20.
[407] Ibid., S. 21.
[408] Seyferth: A Colonização Alemã no Brasil, hier: S. 308.
[409] Frotscher: Identidades Móveis, S. 118f.: Auch die Bücher, die vom Militär während dieser Zeit verfasst wurden, sprechen vom Kampf gegen den internen Feind.

Deutsch die am häufigsten gesprochene Sprache war, galt sie als die „deutscheste“ Stadt Brasiliens. Während des *Estado Novo* wurde sie als ethnisches Geschwür angesehen und wurde deswegen zu dem Ort, an dem die Nationalisierungskampagne am stärksten einsetzte, um die Bevölkerung zu homogenisieren, d.h. zu „brasilianisieren“.[410]

Im Bundesland ES, meinte Roche, hätten weder der Erste Weltkrieg noch die Anfänge der Nationalisierung die Situation der deutschen Sprache geändert.[411] Anders kam es im Zweiten Weltkrieg.

In Santa Cruz in RS wurde die Sprache langsam aber unaufhaltsam ab 1938 verboten, bis sie in der Öffentlichkeit offiziell ganz verboten wurde und die Polizei sogar die Wohnungen kontrollierte.[412] Auch in Teutonia wurde die Lektüre von deutscher Literatur verboten. Bücher wurden von der Polizei beschlagnahmt und öffentlich verbrannt. Die Bewohner der Stadt versteckten aus Angst ihre Bücher, Bibeln und Briefe oder verbrannten sie selbst.[413]

Aber nur in Blumenau wurden fast alle deutschen Schulen geschlossen: 1937 gab es 64 private Schulen, mit dem Dekret von 1938 verblieben nur noch fünf. Die deutsche Schule im Zentrum der Stadt wurde durch das *Conjunto Educacional Pedro II* ersetzt.[414] Allein der Name der neuen Schule ist bezeichnend, denn die Schule wurde nach dem zweiten Kaiser Brasiliens benannt.

Dennoch verursachte die Nationalisierungskampagne des Bildungswesens nach Kreutz‘ Meinung nicht die Schließung der deutschbrasilianischen Gemeindekirchen. Sie mussten sich nur anpassen.[415]

In der Theorie mag Kreutz Recht haben, denn auch die Schulen mussten tatsächlich nicht schließen, falls sie die Maßnahmen, die von der Regierung verlangt wurden, erbrachten. Praktisch war es den Schulen aber nicht möglich, sich so schnell anzupassen. Viele Kinder sprachen kein Portugiesisch, vor allem in den abgelegenen Orten. Wie sollten sie dann zur Schule gehen und auf Portugiesisch lernen?

Es wurde die Mehrheit der kulturellen Einrichtungen geschlossen, diejenigen die es

---

[410] Ibid. S. 24, 170 und 192.

[411] Jean Roche: A Colonização alemã no Espírito Santo. São Paulo 1968, S. 279.

[412] Maria Hoppe Kipper: A Nacionalização em Santa Cruz do Sul, in: Telmo Lauro Müller (Hrsg.): Nacionalização e Imigração Alemã. X Simpósio de História da Imigração e Colonização Alemãs – São Leopoldo, set. de 1992. São Leopoldo 1994, S. 121-134, hier: S. 122.

[413] Guido Lang: A Nacionalização na Colônia Teutônia, in: Telmo Lauro Müller (Hrsg.): Nacionalização e Imigração Alemã. X Simpósio de História da Imigração e Colonização Alemãs – São Leopoldo, set. de 1992. São Leopoldo 1994, S. 135-140, hier: S. 137.

[414] Frotscher: Identidades Móveis, S. 126.

[415] Kreutz: A Escola Teuto-Brasileira, hier: S. 56.

überlebten, mussten sich anpassen. Mit der Nationalisierung und Auflösung vieler Sport-, Sozial- und Kultureinrichtungen griff man in die Gesellschaft und in den Bereich ein, in dem sich die lokale Macht abspielte. Es hätte in Blumenau anders laufen können, wenn die Elite der Stadt *pro* Vargas gewesen wäre. Aber so übte die Kampagne die politische Kontrolle für die staatliche und föderalistische Regierung aus, politische Parteien wurden untersagt, die Politik zentralisiert und die Presse zensiert. Dadurch wurde die lokale Elite entmachtet. Die Schließung oder Nationalisierung der Einrichtungen bedeutete einen Bruch mit der Kultur der Stadt.[416]

Bis 1937 war es für die Eingewanderten üblich, Einrichtungen zu gründen, mit denen sie ihre Freizeit gestalteten. Ebenso waren andere Arten von Unterstützung wichtig, vor allem im Hinblick auf die Bildung beim privaten Unterricht – nicht nur den Deutschen, sondern auch den Italienern, Polen und Japanern.[417]

Dennoch hatten die Nationalisierungsmaßnahmen während des Zweiten Weltkriegs starke Auswirkungen, sowohl aufgrund der Angst vor einer Annexion als auch aufgrund der Auslandspolitik der NSDAP in Brasilien. Daneben aber auch aufgrund der Meinungen der Leute, die in den Süden Brasiliens reisten, um sich die dortige Lage anzuschauen und sich eine Meinung darüber zu bilden.

So wie Freyre, der 1940 meinte, dass man die Bereicherung, die die nicht-portugiesischen Europäer für Brasilien erbrachten, anerkennen müsste, vor allem im Süden des Landes. Es gäbe da aber eine Gefahr, die in den evangelischen Pastoren, katholischen Priestern, Ordensbrüdern und Lehrern zu suchen sei. Denn diese seien Agenten einer politischen Partei.[418] Wahrscheinlich bezieht er sich hier auf die Aktivitäten der NSDAP, die in Brasilien tätig war.

Schon 1949 behauptete dagegen Konder Reis, dass die nationale und internationale Politik es der brasilianischen Regierung nicht erlauben würde, für die Nachfahren der deutschen Kolonisten – die Opfer einer Demoralisierungskampagne wären, da sie als „ethnisches Geschwür“ und Feinde Brasiliens dargestellt werden würden – einzuschreiten. Und das nur aufgrund isolierter Meinungen von militärischer Seite. Er verurteilte die Vernachlässigung der Regierung gegenüber den deutschen Kolonien in SC und später die Gewalt,

---

[416] Frotscher: Identidades Móveis, S. 148-150.
[417] Seyferth: Imigração e cultura, S. 53.
[418] Gilberto Freyre: Uma Cultura ameaçada, S. 16: nach der ausgedruckten Version. Es gäbe sogar schon kulturelle und politische Kongresse, die anti-lusobrasilianisch eingestellt seien. Denn für sie gäbe es kein brasilianisches Volk im engeren Sinne, weil auch die Portugiesen nur Einwanderer seien, genauso wie alle anderen, sogar die Indianer.

Verfolgung und Ungerechtigkeit während der Nationalisierungskampagne und nicht zuletzt die Verwechslung zwischen Deutschen und Nationalsozialisten, da diese nur 10% der deutschbrasilianischen Bevölkerung ausgemacht hätten.[419]

Im Folgenden möchte ich die Beziehungen der NSDAP zu den Deutschen, deren Nachkommen und deren Einrichtungen in Brasilien bis zum Beginn des *Estado Novo* zusammenfassen.
Denn die Außenpolitik des Dritten Reiches wurde „durch die Auslandsaktivität der Auslandsorganisation der NSDAP [belastet].“[420]
Auch wenn die meisten Leute innerhalb des Deutschtums konservativ bis deutschnational waren, begegneten sie dennoch dem „erste[n] Auftreten von Stützpunkten und Ortsgruppen der NSDAP in Südamerika mit Desinteresse bis Ablehnung“, so Gaudig und Veit. Gertz behauptet, dass sich der Aufstieg des Nationalsozialismus in Deutschland in Südbrasilien so auswirkte, dass dort nationalsozialistische Gruppen entstanden und dadurch der deutsche Nationalismus belebt wurde.[421]
Meiner Meinung nach erlebte der Nationalismus einen Aufschwung, denn kurz darauf behauptet selbst der Autor, dass der Nationalismus in den oberen Schichten schon vorher präsent war. Damit ist aber nur der schon immer dagewesene Stolz auf die eigene Herkunft, ohne die jetzt hinzukommende Ideologie des Nationalsozialismus, gemeint.
Die erste von der Parteileitung bestätigte Ortsgruppe in Südamerika war die schon 1928 gegründete Ortsgruppe von Timbó bei Blumenau.[422] Die Ortsgruppe in Blumenau entstand im Juni 1929, diejenige in Rio de Janeiro im Oktober 1931 und die Landesgruppe Brasilien 1934.[423] Die Ortsgruppe São Paulo hatte Cossels Meinung nach eine „selten übertroffene Gefolgschaft“, denn zehntausende haben ihre Feierlichkeiten besucht.[424] Dazu führte er

---

[419] Konder Reis: Em defesa da colonização alemã S. 3f. und 10-12: Er griff die deutsche Annexionsidee, die einige den Kolonisten in SC anhängen wollten, an. Dies sei eine Lüge, die die Freiheit der Menschen beeinträchtigen würde. Die Verleumder sollten lieber den Beitrag der Deutschen – im Ackerbau, in der Industrie, im Handel und in den öffentlichen Ämtern – preisen, als die nicht abgewöhnten Traditionen zu verurteilen. Sie sollten es zudem beachten, dass – auch wenn einige Deutsche aufgrund des Mangels an Schulen nicht Portugiesisch lernten, dennoch in die Armee eintraten, um das Land zu verteidigen.
[420] Käte Harms-Baltzer: Die Nationalisierung als Problem, S. 147.
[421] Gaudig und Veit: Hakenkreuz über Südamerika, S. 48. Siehe auch: Gertz: Politische Auswirkungen, S. 164f.
[422] Ibid., S. 48.
[423] Moraes: Konflikt und Anerkennung, S. 272: Die Ortsgruppe Blumenau unterstützte sogar die Partei in Brasilien finanziell und verbreitete das nationalsozialistische Gedankengut lokal, mischte sich aber in das politische Leben der Kolonien nicht ein.
[424] H. H. von Cossel: Eine Reise durch das Deutschtum in Brasilien, in: Verband Deutscher Vereine im Ausland e.V. (Hrsg.): Wir Deutsche in der Welt. Berlin 1935, S. 49-62, hier: S. 52.

aber keinerlei Beweise auf.

Die mit dem Sieg der Partei in Deutschland verbundenen Reaktionen der Brasilianer waren regional sehr unterschiedlich. In RS war das Leben der Einwanderer und deren Nachkommen wesentlich leichter als im Rest Brasiliens. Dahingegen grassierte in SC aus nativistischen Gründen eine antideutsche Kampagne.[425] Sogar die repressiven Maßnahmen in den Schulen waren im südlichsten Staat weniger drastisch als im Nachbarland.[426]

Mit der Machtübernahme 1933 änderte sich die Situation und die Ortsgruppe versuchte, „die Führung des Deutschtums in Blumenau zu übernehmen". Mit dem Machtantritt Hitlers wurden nationalsozialistische Einrichtungen geschaffen, deren Vertreter in Brasilien versuchten, die Macht an sich zu reißen.[427] Sie kämpften um die Leitung der Vereine und Schulen. Doch ab einem bestimmten Zeitpunkt kämpfte fast die gesamte deutschstämmige Bevölkerung dagegen, noch bevor die Behörden sich einschalteten.[428]

Lara Ribas berichtete von einzelnen Personen und Gruppen, die nach Brasilien reisen würden um dort für die NSDAP Werbung zu machen. Reichsdeutsche Schriftsteller, Parteimitglieder und Theaterschauspieler, die den wahren Grund ihrer Reisen hinter „Studienreisen" verbargen. Die Reisen und Konferenzen dieser Leute wurden angekündigt, damit viele Leute erschienen, daneben wurde auch das Kino für die Werbung des Nationalsozialismus genutzt.[429]

Es gab Reichsdeutsche, die sich in Brasilien aufhielten, um den Deutschen und Deutschstämmigen „vom neuen Deutschland, von dem Wunder eines auferstandenen Volkes, das geeint durch seinen großen Führer sich wieder zu Stolz und Ehre erhob" zu erzählen. Außerdem ist die Rede von „Volks- und Rassenbewusstsein".[430]

Diese Art von Interventionen auf brasilianischen Boden wurde sicherlich nicht mit Begeisterung empfangen, da es gegen den Nationalstolz der Brasilianer ging – wobei Nationalstolz in Brasilien wiederum nicht mit Rassenstolz im nationalsozialistischen Sinne zu verwechseln ist. Der Diskurs über Rassenbewusstsein war in Brasilien sicherlich fehl

---

[425] Gertz: O Perigo alemão, S. 39.

[426] Kreutz: A Escola Teuto-Brasileira, hier: S. 52.

[427] Moraes: Konflikt und Anerkennung, S. 274. Siehe auch: Dreher: O Estado Novo e a Igreja Evangélica Luterana, hier: S. 104.

[428] Schaden: O estudo sócio-antropológico da aculturação, S. 115.

[429] Antonio de Lara Ribas: A ordem política e a campanha contra o nazismo no Estado de Santa Catarina. Florianópolis 1943, S. 22.

[430] Maria Kahle: Deutsche Heimat in Brasilien. Berlin 1937, S. 33 und 45f: Maria Kahle, die Autorin, hatte die Aufgabe erteilt bekommen, 1934 durch Südamerika zu reisen. Sie verbrachte fünf Monate in den deutschen Siedlungsgebieten. Sie betonte die niedrige Kulturentwicklung einiger fremden Rassen und sprach gegen eine „Rassenmischung" der Deutschen und Deutschstämmigen mit anderen Ethnien in Brasilien. Es ist eine Lobeshymne an die Erhaltung der deutschen Kultur.

am Platz, da es immer ein Land war, in dem die verschiedensten Ethnien zusammenlebten. Wenn auch nicht immer friedlich und vorurteilsfrei, aber doch relativ harmlos, zumindest im Vergleich zu den Aktionen des späteren Nationalsozialismus.

Mitte 1934 und im Frühjahr 1935 kam es zum Widerstand in der Öffentlichkeit. Dennoch hatte die Parteigruppe Anhänger und wurde von einigen Institutionen der Kolonie weiter anerkannt.[431] Außerdem wurde ein Teil der deutschbrasilianischen Presse dazu benutzt, Werbung für Material aus Deutschland zu machen. [432]

Die Ablehnung oder die Akzeptanz in Bezug auf die Parteigruppen konnten nicht in Verbindung gebracht werden mit einer bestimmten Person oder mit Institutionen, die für eine ganze Gruppe sprechen konnte. Es war ein umkämpftes Thema.[433]

„Entgegen weit verbreiteten Annahmen gibt es keine Hinweise", dass die nationalsozialistischen Aktivitäten in Brasilien nach einem ausgearbeiteten Plan Deutschlands liefen. Es ist wahrscheinlicher, dass es bis 1936 kein Konzept dafür gab.[434]

Die NSDAP entstand in Brasilien in mehreren Städten bzw. Regionen, „die gesellschaftlich und politisch teilweise sehr unterschiedlich geprägt waren". Wie dem auch sei, den Nationalsozialisten konnte keine direkte Einmischung in die politischen Angelegenheiten des Landes vorgeworfen werden.[435]

Dennoch betont Harms-Baltzer:

> Die massiven Vorwürfe des Auswärtigen Amtes gegen die Betätigung der Auslandsorganisation der NSDAP in Lateinamerika sind ein deutliches Zeichen dafür, daß diese Aktivitäten in hohem Maße die politischen Beziehungen Deutschlands zu Lateinamerika belasteten und mannigfache Ansatzpunkte für Gegenmaßnahmen der lateinamerikanischen Regierungen boten. [436]

Diese Aussage fasst die damalige Situation gut zusammen. Die Aktivitäten der NSDAP in Brasilien führten zur Verschärfung der Lage – auch wenn sie nicht die Ursache waren – vor allem in den Regionen, in denen die meisten Deutschen und Deutschstämmigen lebten.

Ab Mitte 1937 zog sich die Partei aus der Öffentlichkeit zurück, hauptsächlich wegen des

---

[431] Moraes: Konflikt und Anerkennung, S. 274.

[432] Dreher: O Estado Novo e a Igreja Evangélica Luterana, hier: S. 104. Dazu Gertz: Politische Auswirkungen, S. 165: Denn man wehrte sich „gegen das politisch zu interpretierende Auftreten" der Mitglieder der Partei, man sympathisierte aber mit dem Dritten Reich.

[433] Moraes: Konflikt und Anerkennung, S. 277: hier in Bezug auf die Ortsgruppen der NSDAP in Blumenau und Rio de Janeiro. Er analysiert beide Städte in seinem Werke.

[434] Gertz: Politische Auswirkungen, S. 164.

[435] Moraes: Konflikt und Anerkennung, S. 272 und 303.

[436] Harms-Baltzer: Die Nationalisierung als Problem der deutsch-brasilianischen Beziehungen, S. 144.

allgemein feindseligen Klimas, und im Frühjahr 1938 wurde sie verboten.[437]

Am 3. Januar 1938 wurde eine *Delegacia da Ordem Política e Social* gegründet. Es war ein Polizeikommissariat für die politische und soziale Ordnung in Brasilien. Lara Ribas stellte sie als Folge des Ersten Weltkrieges dar, als Brasilien von ausländischen Extremisten überfallen worden war. Seiner Ansicht nach musste diese Organisation im Zweiten Weltkrieg die Nationalsozialisten bekämpfen, da es sie trotz des Verbots der ausländischen Parteien vom 18. April 1938 immer noch gab, obwohl die schlimmsten Zeiten seiner Meinung nach zwischen 1933 und 1938 gewesen waren – hauptsächlich in Blumenau und in der ganzen Region im Tal des Itajaí.[438]

Übrigens wurden mit dem Putsch von Getúlio Vargas am 10. November 1937 die parteipolitische Aktivität und alle ausländischen Parteien in Brasilien mit dem Einsetzen des *Estado Novo* verboten. Somit wurde auch die NSDAP verboten. Bis dahin war die Parteiaktivität in Brasilien möglich und von der brasilianischen Regierung geduldet.[439]

Sicherlich übertrieb die Regierung die Gefahr für das eigene Land, die, wie sie meinten, aus Deutschland kam, sei es aus Angst, sei es um eine Gefahr darzustellen, die sehr groß erschien und dann vom eigenen Land besiegt wurde.

Wie dem auch sei, man darf die politische Situation der damaligen Zeit nicht unterschätzen. Sowohl innen- als auch außenpolitisch war es eine Krisenzeit – mit der Nationalisierungskampagne in Brasilien und mit dem Zweiten Weltkrieg in Europa. Die Deutschen und deren Nachfahren in Brasilien waren in eine sehr komplizierte Lage geraten.

Vor allem Pastoren, Lehrer, Journalisten und Intellektuelle, die nach Gertz Meinung als Nationalsozialisten dargestellt wurden.[440] Immerhin war das eine Möglichkeit, denn die Leute, die diese Berufe ausübten, hatten direkte Kontakte zu Deutschland, da viele Einwanderer waren und nicht Nachfahren, wie wohl die Mehrheit der einfachen

---

[437] Moraes: Konflikt und Anerkennung, S. 275.

[438] Lara Ribas: A ordem política e a campanha contra o nazismo, S. 10, 15, 17 und 19: Er stellte den Nationalsozialismus als ein Dolch dar, der das Herz Brasiliens bedrohte. Siehe auch: Fouquet: Einwanderer und Nachkommen 1974, S. 106f.: "Das Dekret Nr. 383 vom 18. April 1938 verbietet den im Lande lebenden Ausländern, sich politisch zu betätigen, sich in öffentliche Angelegenheiten zu mischen und insbesondere politische Vereinigungen gleichviel welcher Art zu unterhalten, selbst, wenn sie sich ausschließlich an ihre Landsleute wenden." Gleich danach gab es noch ein Dekret vom 25. April 1938, das besagte, wie die Staatsangehörigkeit geregelt wurde: wer auf brasilianischem Boden geboren wurde, war Brasilianer, wer sich einbürgern lassen wollte, musste Portugiesisch sprechen können und das Gesetz kannte dabei kein Unterschied zwischen Staats- und Volkszugehörigkeit.

[439] Dreher: O Estado Novo e a Igreja Evangélica Luterana, hier: S. 104, 106 und 164. Siehe auch: Lara Ribas: A ordem política e a campanha contra o nazismo, S. 18.

[440] Gertz: O Perigo alemão, S. 53.

deutschbrasilianischen Bevölkerung.

Nach Roche kamen vor allem die Pastoren ins Visier der Regierung, da diese unter dem Verdacht standen, Agenten des *Pangermanismo* und des Nazionalsozialismus sowie Verteidiger der deutschen Sprache zu sein. Dadurch wurden sie die Hauptgegner bei der Assimilierung der Kolonisten.[441]

Abschließend zum Thema der Verwicklungen der NSDAP in die brasilianischen Angelegenheiten und die Konsequenzen für die Deutschen und Deutschstämmigen in Brasilien schließe ich mich der Ansicht Moraes an.

Die zeitgenössische Literatur über die NSDAP war von der „Deutschen Gefahr" beeinflusst und war der Ansicht, die Partei hätte Annexionspläne gehabt. Dieses Bild veränderte sich im Laufe der Zeit, indem behauptet wurde, die Partei hätte diese Ziele nicht verfolgt, es hätte wenige reichsdeutsche Mitglieder mit dieser Ansicht gegeben und diese seien von den Deutschstämmigen bekämpft worden.[442]

Inmitten der politisch, wirtschaftlich und kulturell verwirrten Beziehungen der 30er Jahre – Deutschtum, Nationalismus, *Estado Novo*, Nationalsozialismus – begann der Zweite Weltkrieg, der die ganze Lage nur noch verschlimmern sollte.

Dies haben zwischen 1939 und 1945 mit aller Härte vor allem die Deutschen zu spüren bekommen: ihre Sprache wurde in öffentlichen Bereichen, Literatur und Presse verboten, Bücher und Waffen der Schützenvereine wurden beschlagnahmt. Die gesamte kulturelle Aktivität wurde abgeschafft. Mit dem Eintritt Brasiliens 1942 in den Krieg kam es auch zu Plünderungen. Vor allem die lutherische Kirche als Minoritätsgruppe war davon betroffen, ab 1939 wurde die deutsche Sprache auch aus dem Gottesdienst entfernt. Den deutschen Pastoren wurde verboten, in der Kirchenleitung oder als Lehrer in den Schulen zu arbeiten. Als die Sprache verboten wurde, waren die Gemeinden plötzlich ohne Schulen und ohne Tempel oder Kapellen. Die Auflösung der Schulen bedeutete für die Lutheraner Analphabetismus und Bruch mit einer Tradition, die in der Reformation im 16. Jahrhundert ihren Anfang hatte. 1942 und 1943 wurden viele Pastoren sogar in Konzentrationslager interniert und selbst die Kirche als Institution von der Presse bekämpft.[443]

---

[441] Roche: A Colonização alemã no Espírito Santo, S. 313.

[442] Moraes: Konflikt und Anerkennung, S. 271.

[443] Dreher: O Estado Novo e a Igreja Evangélica Luterana, hier: S. 106f. Dazu auch: Seyferth: A Colonização Alemã no Brasil, hier: S. 308f.: Es gab auch noch andere Arten von Maßnahmen, die den brasilianischen Patriotismus stärken sollten, u.a. den militärischen Pflichtdienst weit entfernt von der Familie abzuleisten und nationale Feiertage auch zu feiern. Dazu auch: Gaudig und Veit: Hakenkreuz über Südamerika, S. 79: „Insbesondere die über reichsdeutsche Kirchenorganisationen mit Deutschland verbundenen protestantischen Pfarrer [...] rechtfertigten und verklärten das Dritte Reich, und verkündeten

Anderseits berichtete die internationale Presse über die Leute, die Deutschland wegen dem Nationalsozialismus verließen und Richtung Amerika gingen. Ab 1934 begann die brasilianische Regierung Quoten einzuführen, um eine rigorose Politik der Einwanderung zu beginnen. Dadurch wanderten viele Fachmänner in Brasilien ein – aus den verschiedensten europäischen Staaten. Brasilien wurde zum Zufluchtsort der vom Nazi-Faschismus Verfolgten, wie es den Dokumenten des Itamaraty und der politischen Polizei zu entnehmen ist. Aber die Politik der Einwanderung folgte immer der internationalen politischen Lage[444] und nicht zu vergessen, den eigenen Prioritäten.

Dahme-Zachos fasst die politische Geschichte Brasiliens treffend zusammen:

> Entwickelte sich Brasilien zunächst von einer Kolonie zu einem Territorialstaat mit monarchistischer Führung und danach zu einem Nationalstaat (mit unterschiedlichen Regierungsformen). In der Ideologie des Nationalstaates wird der Staat als eine Einheit aus Volk, Territorium, Kultur und Sprache betrachtet. War es den Herrschern des monarchistischen Brasiliens noch gleichgültig, welche Sprache ihre Untertanen sprachen und welchem Kulturkreis sie angehörten, wurde die ethnische Minderheit der Deutschstämmigen (wie auch die anderen ethnischen Minderheiten) vom im Werden begriffenen Nationalstaat Brasilien als ein Übel betrachtet, das es auszumerzen galt. Die deutschsprachige Minderheit, die nicht die Nationalsprache sprach, ihre eigene Minderheitenkultur hatte und sich endogam verhielt, mußte so fast zwangsläufig zum Ziel staatlicher Zwangsmaßnahmen und Verfolgung werden.[445]

Die verschiedenen Regierungsformen bestimmten die Haltung der Regierung gegenüber Einwanderung, Kolonisation und ausländischen Minderheiten. Dies wiederum bestimmte die Haltung der Bevölkerung insgesamt und die Einwanderer mussten sich mit diesen Richtungswechseln abfinden. Doch wurde die Nicht-Assimilierung, die von den meisten Deutschen praktiziert wurde – wenn auch nicht absichtlich –, allgemein kritisiert.

Seyferth ist der Ansicht, dass mit dem Ende des Krieges die deutschen Einrichtungen nicht wieder eröffnet wurden: die Presse blieb zensiert, Schulen und Vereine blieben weiterhin geschlossen. Anders als nach dem Ende des Ersten Weltkrieges, als sich das Leben 1919

---

von der Kanzel herab nationalsozialistisches Gedankengut. Die katholischen deutschsprachigen Pfarrer ließen sich hingegen nur in geringerem Maße in den Dienst des Nationalsozialismus stellen." Die Autoren versuchen, die Gründe zur Inhaftierung der Pastoren zu erklären. Dennoch ist es sicher nicht zu weit gegriffen, wenn man diese Gründe nicht auf alle Inhaftierte bezieht, bzw. wenn nicht alle Inhaftierte schuld waren.

[444] Maria Luiza Tucci Carneiro: Brasil, um refúgio nos trópicos. A trajetória dos refugiados do nazi-facismo. / Brasilien, Fluchpunkt in den Tropen. Lebenswege der Flüchtlinge des Nazi-Fazismus. São Paulo 1996, S. 42f., 80, 84 und 133.

[445] Dahme-Zachos: Lebensgeschichte, S. 210: Der zentrale Teil des Buches sind drei biographische Interviews, die mit Deutschen oder deren Nachfahrern geführt worden sind.

normalisierte, denn die Maßnahmen des *Estado Novo* blieben erhalten.[446]

Dahingegen behauptet Schneider, dass nach dem Krieg in den wichtigsten Zentren der deutschen Kolonisation wie RS, SC, PR und ES zahlreiche private deutsche Schulen entstanden und durch das Gesetz Nr. 4.024 vom 20. Dezember 1961 neben anderen Sprachen Deutsch in den offiziellen Schulen wieder erlaubt wurde.[447]

Festzuhalten ist, dass sich einige Einrichtungen im Laufe der Jahre verfestigen konnten. Heute wird in manchen Schulen und Einrichtungen wieder bzw. – die Zeiten des Krieges und der Nationalisierungskampagne ausgenommen – immer noch Deutsch gelehrt.

Das Vereinswesen wird weiterhin in einigen Orten gepflegt, so auch in den Dörfern in oder um Blumenau. Als Beispiel für die Pflege des Vereinswesens sei das *Museu dos Clubes de Caça e Tiro* genannt: das Museum der Schützenvereine wurde am 20. Juni 2011 eingeweiht und stellt die Geschichte der Schützenvereine von Blumenau dar.

Auch in den Kirchen wird gelegentlich noch die deutsche Sprache verwendet, so z.B. in der Gemeinde Vila Itoupava, ein Distrikt 25 Kilometer entfernt von Blumenau – gerade die Region, die zu dem Streit zwischen Pastor Rösel und Pastor Faulhaber führte. Die Kirche gehört heute der *Igreja Evangélica de Confissão Luterana no Brasil* an, also der Evangelischen Kirche Lutherischen Bekenntnisses in Brasilien.

Interessant für die Geschichte der evangelischen Kirche im Süden Brasiliens ist die Homepage[448] der *Igreja Evangélica de Confissão Luterana no Brasil*, die leider schon länger nicht mehr aktualisiert wurde. Nicht weniger bemerkenswert ist die Idee hinter dem *Museu dos Clubes de Caça e Tiro*. Für Moacyr Flor, den Präsident des Verbandes der Schützenvereine in Blumenau, ist es selbstverständlich, dass jedes Mitglied der Vereine dazu beitragen muss, das Museum auszustatten.[449]

Ganz allgemein gesehen änderten sich irgendwann die Zeiten und die Zahl der Einwanderer von Europa nach Brasilien wurde immer weniger.

Danach kam die Zeit, in der Brasilianer nach Europa auswanderten, vor allem nach

[446] Seyferth: A Colonização Alemã no Brasil, hier: S. 309.

[447] Schneider: Alemania y América, S. 156f. Dazu auch: Fouquet: Einwanderer und Nachkommen 1974, S. 182.

[448] http://www.ieclbhistoria.org.br/home/ Diese Homepage beschäftigt sich mit den historischen Gegebenheiten der evangelischen Kirche in Brasilien, bzw. *Igreja Evangélica de Confissão Luterana no Brasil*. Es ist einiges an Material auch online zu finden. Auf der Homepage ist auch die gerade angesprochene Gemeinde von Vila Itoupava in Blumenau zu finden: http://www.ieclbhistoria.org.br/home/index.php?option=com_content&task=view&id=48&Itemid=1.

[449] http://www.museuclubesdecacaetiro.com.br/ Diese Seite stellt das neu eröffnete Museum dar. Da es gerade eröffnet wurde, wird noch viel Arbeit nötig sein bis das Museum dem Plan der Urheber entsprechen wird. Ich habe das Museum selber angeschaut und das Konzept ist sehr interessant.

Portugal. In der jetzigen Zeit ist Brasilien zur sechsgrößten Wirtschaft der Welt geworden und im ersten Halbjahr 2011 stieg die Zuwanderung um 52,4 Prozent. Es sind fast 1,5 Millionen Ausländer, die dort legal leben, „inklusive der Immigranten ohne Papiere sind es mehr als zwei Millionen." Dennoch ist es nur ein Bruchteil der Bevölkerung, die 195 Millionen zählt. Deutsche sind unter ihnen auch vertreten, denn allein „der Großraum SP ist mit tausend deutschen Firmen das größte deutsche Industriegebiet außerhalb der Bundesrepublik.[450]

7. Fazit

Holanda meinte, die Portugiesen hätten kein Problem damit gehabt, sich mit anderen Ethnien zu vermischen, wodurch für sie eine neue Heimat in der Ferne leicht zu errichten war.[451] Deswegen war es für sie kein Problem, europäische Einwanderer – die Portugiesen ausgenommen, da diese in Brasilien nicht als Ausländer betrachtet wurden – nach Brasilien zu befördern. Dort lebten sowieso die verschiedensten Ethnien mit Indianern verschiedener Stämme und den aus Afrika importierten oder verschleppten Sklaven, sowie deren Nachkommen.

In Brasilien wanderten verschiedene Völker ein, z.B. Japaner, Libanesen und Syrer.[452] Normalerweise werden noch die Japaner mit einbezogen. Aber die europäischen Einwanderer sind die Einwanderer, die am meisten in Betracht gezogen werden.

Die Deutschen sahen ihre Aufgabe darin, ihre Kultur, Religion und Moral zu verbreiten, denn alle anderen Ethnien seien ihrer Ansicht nach minderwertig.[453] Für die deutschen Einwanderer waren Portugiesen, Afrikaner und Indianer im Vergleich zu den Deutschen selbst nicht positiv zu beurteilen.[454] Diese Aussage ist zeitlich bedingt, denn im Laufe der Jahre änderte sich die Meinung der deutschen Einwanderer und ihrer Nachkommen.

Die Einwanderer und ihre Nachfahren – die dem Gesetz nach Brasilianer waren - wurden seit 1824 angeklagt, sich nicht integrieren zu wollen, weil sie abseits der brasilianischen

[450] Süddeutsche Zeitung. Münchner neueste Nachrichten aus Politik, Kultur, Wirtschaft und Sport. Jahrgang 68 Nr. 15. (19. Januar 2012), S. 1: Der Bericht wurde von Peter Burghardt verfasst: Zukunft am Zuckerhut. Boom-Land Brasilien zieht Einwanderer aus Europa an.

[451] Sérgio Buarque de Holanda: Raízes do Brasil. Rio de Janeiro 1936. S. 39. In diesem Werk beschäftigte sich Holanda mit der Geschichte Brasiliens. Er betrachtete das Land, die Regierung und die Veränderungen im politischen Bereich im Laufe der Jahrhunderte, sowie die Verwicklungen der verschiedenen dort lebenden oder ankommenden Völker, z.B. sprach er wenig von den Afrikanern, Indianern und deren Nachkommen, kritisiert die Holländer und lobt die Portugiesen. Kritisierte wenig und lobte mehr den Staat.

[452] Jeffrey Lesser: Negotiating national identity. Immigrants, Minorities, and the Struggle for Ethnicity in Brazil. Durham and London 1999, S. 168.

[453] Schulze: O discurso protestante, S. 24.

[454] Voigt: A Invenção do Teuto-Brasileiro, S. 12.

Nation lebten und durch die Bewahrung ihrer Kultur eine antibrasilianische Haltung annahmen.[455] In keinem Gebiet der Erde hatten so viele deutsche Auswanderer die Sprache und heimische Sitten so treu bewahrt wie in den gemäßigten Zonen Südamerikas.[456]

Die damit verbundene Idee des Antipatriotismus und der antistaatlichen Bürgerlichkeit vertiefte sich durch die Einrichtung des Deutschen Reiches 1871 und die daraus entstandene internationale Lage.[457] Wie Faulhaber es um die Jahrhundertwende darstellte, wurde dem Deutschtum in Südbrasilien vorgeworfen, die politische Unabhängigkeit zu betreiben, sowie die „Aufrichtung eines Neu=Germaniens in Südbrasilien". Seiner Meinung nach waren dafür die Tatkraft, die Widerstandsfähigkeit und der Erfolg der Rasse verantwortlich, denn das würde eine solche Einstellung hervorrufen.[458]

Zusammengefasst kann gesagt werden, dass die Einwanderer isoliert von der brasilianischen Gesellschaft lebten und erst später andere Ethnien hinzukamen, was die Erhaltung der deutschen Sitten und Bräuche vereinfachte. Der Mangel an öffentlicher Unterstützung bewog zur Organisation von gemeinschaftlichen Einrichtungen, wie z.B. Schulen. Es war der einzige Ausweg, wenn die Regierung diesbezüglichen Gesuchen nicht nachkam. Aus dem gleichen Grund entstanden die Hilfs-, Kranken-, Sport- und Kulturvereine wie die Schützen-, Gesang- und Turnvereine, die sich sogar in Verbänden organisierten und als Symbol des Deutschtums galten.[459]

Auch die deutsche Presse in Porto Alegre, São Leopoldo, Blumenau, Joinville, Curitiba und São Paulo war für das Deutschtum von großer Bedeutung. Die Zeitungen und Kalender waren die Verteidiger der Interessen der Deutschen und deren Nachfahren. Ab den 1880er Jahren, als aus den Kolonien schon Städte geworden waren und die ökonomischen und politischen Interessen der deutschbrasilianischen Elite erweitert wurden, wurde die Presse das Sprachrohr dieser Interessen und der Ethnizität.[460]

Vor allem die Sprache, die Vereine, die privaten Schulen und die Presse halfen – z.B. durch literarische Publikationen – bei der Konstruktion einer deutschbrasilianischen Ethnie, dadurch dass sie das Deutschtum priesen.[461]

Die Vereine waren immer in direktem Kontakt mit der Kirche, die sich dadurch

---

[455] Gertz: O Perigo alemão, S. 13.
[456] Brunn: Deutschland und Brasilien, S. X: Im Vorwort.
[457] Gertz: O Perigo alemão, S. 15.
[458] Faulhaber: Deutschtum in Südbrasilien, Zitat hier: S. 436.
[459] Seyferth: A Colonização Alemã no Brasil, hier: S. 291f.
[460] Ibid., S. 293.
[461] Ibid., S. 295.

auszeichnete, dass sie nicht nur ihren religiösen Aktivitäten nachging, sondern mit den Schulen – in allen Levels –, Freizeitaktivitäten und Hilfsorganisationen in Verbindung stand. Auch die Freizeit- und Turnvereine waren für die Bewahrung des Deutschtums wichtig, da sie einen ethnischen Charakter hatten, der seinesgleichen in Brasilien nie fand.[462] Doch die Einwanderer leisteten auch ihren Beitrag für die Entwicklung Brasiliens. Sie waren sich dessen bewusst und betonten diese Tatsache.

Bräuers Meinung nach sollten sich die Einwanderer integrieren, als Partner mit den Einwohnern für die Entwicklung des Landes arbeiten, kulturell zwar anwesend sein, aber ohne auf sich aufmerksam zu machen.[463] Dennoch lebten die Deutschen in den Anfängen isoliert und wirkten fremdartig auf Lusobrasilianer oder auf Leute, die nicht zu der Realität einer deutschen Kolonie in Brasilien gehörten. Solange sie keine Aufmerksamkeit erregten, beschwerte sich die brasilianische Regierung nicht. Die Situation veränderte sich aber, als die politische Lage zum Ersten Weltkrieg führte.

All dies führte dazu, dass die Ängste einer Deutschen Gefahr zeitweise sogar von der internationalen Presse – der englischen, nordamerikanischen sowie französischen - fast 40 Jahre lang, bis zur Niederlage im Ersten Weltkrieg, geschürt wurden.[464]

Diese Situation sollte sich nochmal drastisch verschlimmern durch die Nationalisierungskampagne und den Zweiten Weltkrieg. Die Weltkriege waren sowieso die Zeiten, in denen es zu Plünderungen und Ausschreitungen gegen die Einwanderer kam. Obwohl es nicht nur gegenüber deutschen Einwanderern und deren Nachkommen geschah, waren sie der Bevölkerungsteil, der am meisten darunter zu leiden hatte.

Die Akkulturation ist ein langsamer Prozess, der normalerweise im Unterbewusstsein stattfindet, weil ein Teil der Immigrantenkultur auch von den Einwohnern angenommen wird. Nach einigen Generationen ist der Prozess vollzogen, wenn die lokale Bevölkerung eine lokale oder regionale Kultur teilt. Nach einer bestimmten Zeit verschwinden die kulturellen Unterschiede – bedingt durch die Umwelt oder weil sie einfach spontan akzeptiert wurden und damit zur gemeinsamen Tradition werden. Wenn es eine Resistenz gibt, wie z.B. von den Schulen, evangelischen Kirchen oder der Presse, werden bestimmte kulturelle Werte als wesentlich angesehen und nicht einfach abgelegt. Dies ist aber nur dann möglich, wenn es keine generelle Resistenz ist, sondern nur bestimmte Werte betrifft,

---

462 Dies.: Imigração e cultura, S. 51f. und 54.

463 Georg Bräuer: Presença cultural alemã no Brasil – considerações sobre o trabalho exterior cultural de organizações intermediárias alemãs, in: UFRG (Hrsg.): III Colóquio de Estudos Teuto-Brasileiros. Porto Alegre 1980, S, 521-526, hier: S. 526.

464 Gertz: O Perigo alemão, S. 16.

die auch eine reelle Chance haben bewahrt zu werden.[465]
Wo verschiedene Nationalitäten aufeinander treffen, findet eine langsame, aber stetige Annäherung und Verschmelzung der Kulturen und der Traditionen statt. Das Ergebnis sollte eine Vereinigung der Kräfte der Beteiligten sein. So sollten sich nach Faulhabers Meinung die Einwanderungsländer an die höchsten Kulturen wenden, damit sie dabei auf wirtschaftlichen und geistlichen Gebieten Fortschritte erzielen könnten.[466] Er war der Ansicht, dass die germanische Rasse eine große Assimilationsfähigkeit hatte, dass sie die guten romanischen Eigenschaften aufnahm und verbesserte und so in Brasilien auch einwirkte. Dadurch sollte dem Deutschen bei der Masseneinwanderung, die zu der Entwicklung eines Landes beitragen konnten, der Vorzug gegeben werden.[467]
Dies ist eine interessante Aussage gerade weil sie gegen die Meinung aller Zeitgenossen und heutigen Forscher spricht. Denn man wird kaum einen Autor oder Aussagen von Zeitzeugen finden, die dieser Ansicht waren. Die ganze Aussage hat aber nur einen Sinn, wenn man sie in dem Kontext sieht, in dem sie geschrieben wurde. Den Deutschen sollte der Vorzug gegeben werden, weil sie die eigene Ethnie als die Beste ansahen, die die guten Seiten der anderen Nationalitäten, Völker oder Ethnien in sich aufnahm, um sie zu verbessern und dann wieder allen zur Verfügung zu stellen.
Tatsache ist, dass die Integration nicht überall gleich sein muss. Das Beste ist eine konstruktive Integration, von der beide Seiten profitieren können, sowohl die eigene Ethnie, als auch die, in die sie sich integriert.[468]
Die großen homogenen Gemeinden passten sich nicht an, sondern entwickelten langsam eine hybride Kultur, die als Deutschbrasilianisch bezeichnet werden kann, obwohl sie zahllose originelle Lösungen fanden.[469]
Diese Einrichtungen, die der Pflege des Deutschtums dienten, wurden von den Einwanderern so organisiert, wie sie sie bis dahin gekannt hatten. Den umliegenden Gegebenheiten ihrer Wichtigkeit gebührend, passten sie sich dem an, was geboten wurde, z.B. den Essgewohnheiten und der Kleidung in einem wärmeren Klima. Dahingegen arbeiteten sie für die Errichtung von Schulen, Kirchen und Vereinen mit den Kenntnissen

[465] Willems: A Aculturação dos Alemães, S. 148-150. Siehe auch: Schaden: O estudo sócio-antropológico da aculturação, S. 110f.: Es ist eine Auseinandersetzung oder teilweise eine Anpassung an die geographischen, physischen und soziokulturellen Elemente.
[466] Faulhaber: Deutschtum in Südbrasilien, Zitat hier: S. 438.
[467] Ibid.
[468] Carlos Henrique Hunsche: Presença e integração construtiva do elemento germânico, in: UFRG (Hrsg.): III Colóquio de Estudos Teuto-Brasileiros. Porto Alegre 1980, S. 503-508, hier: S. 507.
[469] Willems: A Aculturação dos Alemães, S. 415.

und dem Material, das sie aus der Heimat mitbrachten oder bekamen.
So arbeitete dieser Bevölkerungsteil in den Kolonien, so arbeiteten Lehrer, Pastoren, Handwerker und alle anderen. So lebten auch die Einwanderer und deren Nachkommen. Sie passten sich teilweise dem an was vorhanden war, veränderten das, was ihnen nicht passte und organisierten sich nach dem was sie kannten, d.h. in den Bereichen, in denen die brasilianische Gesellschaft oder Regierung nicht einwirkte, kam das Deutschtum zur vollen Entfaltung.
Wie Faulhaber es darstellte waren „die Hauptfaktoren für die Erhaltung des Deutschtums [...] Kirche, Schule und Presse.“[470] Dies waren dann auch die Bereiche, in denen er in Brasilien zumindest zeitweise tätig war. Der Aufbau der lokalen Gesellschaft der Kolonien war mit dem Kirchen-, Bildungs-, Presse-, und Vereinswesen stark verbunden, und diese Einrichtungen wiederum im Deutschtum verankert. Doch war für die ganze Konstellation die damalige politische und wirtschaftliche Lage ein wichtiger Faktor.

Zur Beantwortung der Fragestellung dieser Arbeit war die Auseinandersetzung mit den lokalen Verhältnissen, den nationalen Bedingungen und teilweise der internationalen Lage von Bedeutung. So war ein chronologischer Gesamtüberblick wichtig, der in diesem Fall vom Allgemeinen zum Besonderen führte, dennoch mussten bestimmte Bereiche aufgeteilt und einzeln betrachtet werden und Wiederholungen waren in einigen Punkten unvermeidlichen – sonst wären gewisse Vorgänge nicht zu erklären gewesen. Deswegen zeichnet die Arbeit den Weg der deutschen Einwanderer von Deutschland nach Brasilien, um dort in Blumenau die Person Faulhabers zu analysieren.
Anhand einiger ausgewählter Texte und Briefe Faulhabers und dem Personenkreis, der in seiner unmittelbaren Nähe lebte oder auch indirekt über ihn informiert wurde, untersuchte ich seine Tätigkeiten und seine Einstellung zu den Geschehnissen seiner Zeit. Für diese Analyse bot es sich an, seine Tätigkeitsbereiche aufzuteilen, um einen besseren Überblick zu bekommen.
Wie den Quellen zu entnehmen ist, nach dem Besuch des Gymnasiums studierte Faulhaber Theologie in Halle – Wittenberg. Am 9. Oktober 1889 wurde er ordiniert und gleich danach vom EOK nach Brasilien geschickt. Am 1. Dezember 1889 wurde er in seinem Amt als Pastor in Blumenau eingesetzt. In Blumenau heiratete er und gründete eine Familie.

[470] Faulhaber: Deutschtum in Südbrasilien, hier S. 438.

Er war nicht nur Pastor und für das seelische Wohl der Mitglieder seiner Gemeinde verantwortlich, sondern wurde auch Schullehrer und Schulleiter der „Neuen Schule", Begründer und Redakteur zweier konfessioneller Zeitungen – diese Zeitungen *Der Urwaldsbote* und *Der Christenbote* waren jedoch für eine nähere Betrachtung nicht mehr vorhanden. Er gründete einen Lehrer- und Schulverein. In seinen Amtsjahren wurde die evangelische Kirche in Itoupava Central erbaut. Er schrieb diverse Berichte und Artikel über verschiedene Themen für lokale und deutsche Zeitungen und Zeitschriften. Er veröffentliche Poesien und verfasste ein Buch über die Geschichte Brasiliens für die deutschen und deutschbrasilianischen Schüler in Brasilien.

Als Deutscher fühlte er sich seinem Heimatland verbunden, indem er das Deutschtum in Brasilien stark befürwortete, aber ohne politischen Hintergrund. Seiner Idee des Deutschtums entsprach, die deutsche Kultur vor allem über Kirche und Schule, zu bewahren. Dies bedeutete aber nicht, dass die Einwanderer und ihre Nachkommen sich nicht an die lokalen Gegebenheiten anpassen mussten. Er bejahte z.B. das Lernen der portugiesischen Sprache, ohne dabei aber die deutsche Sprache aufzugeben. Dies entspricht seiner Haltung gegenüber dem Deutschtum und seiner Bewunderung für Brasilien, das er als sein Vaterland - und das aller anderen dort ansässigen Deutschen und Deutschbrasilianer – ansah.

Er wurde aufgrund lokaler kirchlicher Auseinandersetzungen dazu gedrängt, 1906 nach Deutschland zurückzukehren. Zuerst war er in Himmelpfort tätig, ab 1907 bis zu seinem Tod im Februar 1920 war er in Trebbin. Auch dort arbeitete er nebenbei wieder als Redakteur und übersetzte brasilianische Werke ins Deutsche, womit er für Brasilien Werbung machte.

Sein Leben lang sollte er sich mit Brasilien und den Deutschbrasilianern verbunden fühlen. In Deutschland versuchte er immer wieder in eine Stadt versetzt zu werden, die die Möglichkeit für eine gute schulische Bildung bot, denn in seinem Haus lebten brasilianische Schüler deutscher Abstammung, die nach Deutschland gekommen waren, um hier eine Ausbildung zu bekommen. Außerdem hielt er auch Konferenzen über Brasilien in Schulen und in deutschen Kulturinstitutionen. Er hielt den Kontakt zu Brasilien aufrecht, sei es durch das Lesen brasilianischer Zeitungen, sei es durch den Kontakt mit Bekannten oder mit der Familie seiner Frau oder dadurch, dass er die deutschbrasilianischen Schüler in seinem Haus aufnahm.

Es kann gesagt werden, dass der Beitrag dieses deutschen Einwanderers zur Entwicklung

Blumenaus weniger auf von ihm neu Geschaffenen beruhte, als vielmehr auf der Befestigung und Entwicklung des schon Existierenden. Trotzdem wirkte er innovativ als Zeitungsbegründer und Gründer des Lehrer- und Schulvereins.

Diese Arbeit legt die verschiedenen Aspekte von Faulhabers Leben und Tätigkeiten dar. Es ist mir jedoch nicht gelungen, die Rolle Faulhabers in dem Streit, der in den Gemeinden in Blumenau entstand, klar herauszuarbeiten. Der lokale Streit zwischen der oder den evangelischen Gemeinden – vor allem in der Region Itoupava – mit den Vertretern des Gotteskastens, d.h. vor allem zwischen Pastor Faulhaber und Pastor Rösel, die internen evangelischen Auseinandersetzungen sowie diejenigen zwischen den Gemeindemitgliedern und den Geistlichen bieten noch viel Material für tiefere Analysen und neue Erkenntnisse. Eigentlich ist meines Wissens die Konfessionsgeschichte der ganzen Region um Blumenau noch nicht wissenschaftlich bearbeitet worden. Es wäre als Mikrogeschichte in der Kirchengeschichte ein interessantes Thema für weitere Arbeiten.

Neue Erkenntnisse könnten auch über Faulhabers Leben und Einstellungen gewonnen werden, indem man sich noch intensiver mit seinem dokumentarischen Nachlass und seinen veröffentlichten Werken beschäftigt.

8. Quellen- und Literaturverzeichnis

8.1. Quellenverzeichnis

8.1.1. Ungedruckte Archivquellen

Evangelisches Zentral-Archiv in Berlin

- EZA 5/2482 zu Blumenau. Bd. 1. Von Januar 1887 bis April 1906.
- EZA 5/2483 zu Blumenau. Bd. 2. Von Mai 1906 bis Dezember 1920.
- EZA 5/2488 zu den deutschen evangelischen Gemeinde zu Blumenau, Gaspar, Belchior und Russland. Von 1903, Enddatum nicht angegeben.
- EZA 7/12312 zu der Einrichtung einer selbständigen Kirchengemeinde Himmelpfort, sowie Ausstellung und Besoldung der Geistlichen und Kirchendiener in derselben. Ab Januar 1899.
- EZA 14/22798 zu Karl Hermann Robert Faulhabers Personalia.
- EZA 121/34 zu Santa Catarina: Badenfurt, Itoupava, Orleans, Joinville, Blumenau, Hammonia, Florianópolis, Santa Izabella, Palhoça.
- EZA 200/1/2030 zu der Unterstützung der Evangelischen Gemeinde Blumenau in Südbrasilien. Vom Central Vorstand des Evangelischen Vereins der Gustav-Adolf Stiftung ab 1866.

8.1.2. Gedruckte Quellen im Archiv zugänglich

Arquivo Histórico José Ferreira da Silva in Blumenau

- Blumenauer Zeitung. Jahrgang 24 Nr. 45. (11. November 1905).
- Blumenauer Zeitung. Jahrgang 24 Nr. 50. (16. Dezember 1905).
- Der Urwaldsbote. Deutsche Zeitung in Blumenau. Jahrgang 12 Nr. 36. Beilage. (4. März 1905).
- Der Urwaldsbote. Deutsche Zeitung in Blumenau. Jahrgang 12 Nr. 40. Beilage. (1. April 1905).
- Der Urwaldsbote. Deutsche Zeitung in Blumenau. Jahrgang 12 Nr. 45. (6. Mai 1905).
- Der Urwaldsbote. Deutsche Zeitung in Blumenau. Jahrgang 12 Nr. 49. (3. Juni 1905).
- Der Urwaldsbote. Deutsche Zeitung in Blumenau. Jahrgang 13 Nr. 8. (19. August 1905).
- Der Urwaldsbote. Deutsche Zeitung in Blumenau. Jahrgang 13 Nr. 25. (16. Dezember

1905).

- Der Urwaldsbote. Deutsche Zeitung in Blumenau. Jahrgang 13 Nr. 27. (30. Dezember 1905).
- Der Urwaldsbote. Deutsche Zeitung in Blumenau. Jahrgang 14 Nr. 1. (7. Juli 1906).
- Der Urwaldsbote. Deutsche Zeitung in Blumenau. Jahrgang 14 Nr. 3. Beilage. (21. Juli 1906).
- Der Urwaldsbote. Deutsche Zeitung in Blumenau. Jahrgang 14 Nr. 8. (25. August 1906).
- Der Urwaldsbote. Deutsche Zeitung in Blumenau. Jahrgang 14 Nr. 9. (1. September 1906).
- Der Urwaldsbote. Deutsche Zeitung in Blumenau. Jahrgang 14 Nr. 10. (8. September 1906).
- Faulhaber, Hermann (Übersetzt ins Portugiesische von Edith Sophia Eimer): Educação no Passado. A Disciplina na Escola [1899], in: Blumenau em Cadernos 31/1 (1990), S. 24-29.

8.1.3. Gedruckte Quellen

8.1.3.1. Monographien

- Evangelisches Pfarrerbuch für die Mark Brandenburg seit der Reformation. Bearb. von Otto Fischer. Berlin 1941.
- Faulhaber, Hermann: Leitfaden für den Unterricht in der Geschichte von Brasilien. Blumenau 1903.
- Funke, Alfred: Brasilien im 20. Jahrhundert. Berlin 1927.
- Funke, Alfred: Der Deutsche Kolonist in Brasilien. S.l. [1931].
- Funke, Alfred: Die Besiedlung des östlichen Südamerika mit besonderer Berücksichtigung des Deutschtums. Halle a.S. 1903.
- Kahle, Maria: Deutsche Heimat in Brasilien. Berlin 1937.
- Konder Reis, Antônio Carlos: Em defesa da colonização alemã. Florianópolis 1949.
- Lacmann, Wilhelm: Ritte und Rasttage in Südbrasilien. Reisebilder und Studien aus dem Leben der deutschen Siedelungen. Berlin 1906.
- Lara Ribas, Antonio de: A ordem política e a campanha contra o nazismo no Estado de Santa Catarina. Florianópolis 1943.
- Oberacker, Karl Heinrich: Im Sonnenland Brasilien. Bilder und Gestalten. Erlebnisse

aus Südbrasilien. Karlsruhe 1932.

- Wettstein, Karl Alexander: Brasilien und die deutsch-brasilianische Kolonie Blumenau. Leipzig 1907.
- Zöller, Hugo: Die Deutschen im Brasilianischen Urwald. Bd. 1. Berlin und Stuttgart 1883.
- Zöller, Hugo: Die Deutschen im Brasilianischen Urwald. Bd. 2. Berlin und Stuttgart 1883.

8.1.3.2. Periodikum

- Faulhaber, Hermann: Deutschtum in Südbrasilien, in: Beiträge zur Kolonialpolitik und Kolonialwirtschaft 1 (1899-1900). S. 435-438.
- Süddeutsche Zeitung. Münchner neueste Nachrichten aus Politik, Kultur, Wirtschaft und Sport. Jahrgang 68 Nr. 15. (19. Januar 2012).

8.1.3.3. Sammelbände

- Blumenau, Hermann [1850]: Südbrasilien in seinen Beziehungen zu deutscher Auswanderung und Kolonisation, in: Cristina Ferreira und Sueli Maria Vanzuita Petry (Hrsg.): Um alemão nos trópicos. Dr. Blumenau e a política colonizadora no sul do Brasil. Edição Especial Alusiva ao Centenário de Falecimento de Hermann Bruno Otto Blumenau 1899 – 1999. / Ein Deutscher in den Tropen. Dr. Blumenau und die Kolonisationspolitik in Südbrasilien. Sonderauflage zum 100. Todestag von Hermann Bruno Otto Blumenau 1899 – 1999. Blumenau 1999, S. 46-173.
- Blumenau, Hermann [1851]: Leitende Anweisungen für Auswanderer nach der Provinz Santa Catharina in Südbrasilien, in: Cristina Ferreira und Maria Sueli Vanzuita Petry (Hrsg.): Um alemão nos trópicos. Dr. Blumenau e a política colonizadora no sul do Brasil. Edição Especial Alusiva ao Centenário de Falecimento de Hermann Bruno Otto Blumenau 1899 – 1999. / Ein Deutscher in den Tropen. Dr. Blumenau und die Kolonisationspolitik in Südbrasilien. Sonderauflage zum 100. Todestag von Hermann Bruno Otto Blumenau 1899 – 1999. Blumenau 1999, S. 174-280.
- Cossel, H. H. von: Eine Reise durch das Deutschtum in Brasilien, in: Verband Deutscher Vereine im Ausland e.V. (Hrsg.): Wir Deutsche in der Welt. Berlin 1935, S. 49-62.

8.2. Literaturverzeichnis

8.2.1. Monographien

- Brunn, Gerhard: Deutschland und Brasilien (1889-1914). Köln und Wien 1971.
- Campos, Cynthia Machado: A política da língua na era de Vargas. Proibição do falar alemão e resistências no sul do Brasil. Campinas 2006.
- Carneiro, Maria Luiza Tucci: Brasil, um refúgio nos trópicos. A trajetória dos refugiados do nazi-facismo. / Brasilien, Fluchpunkt in den Tropen. Lebenswege der Flüchtlinge des Nazi-Fazismus. São Paulo 1996.
- Castro, Moacir Werneck de: Missão na Selva. Emil Odebrecht (1835-1912), um Prussiano no Brasil. Rio de Janeiro 1994.
- Dahme-Zachos, Andrea: Zum Zusammenhang von Lebensgeschichte mit kollektiver Geschichte und kollektiven Identitäten bei der deutschsprachigen Minderheit und ihren Nachkommen in Brasilien: eine biographieanalytische Arbeit. Sankt Augustin 2003.
- D'Amaral, Max Tavares: Contribuição à história da colonização alemã no Vale do Itajaí. São Paulo 1950.
- Donghi, Tulio Halperin: Geschichte Lateinamerikas von der Unabhängigkeit bis zur Gegenwart. Übers. von Elke Wehr. Frankfurt am Main 1991.
- Dreher, Martin Norberto: Kirche und Deutschtum in der Entwicklung der Evangelischen Kirche Lutherischen Bekenntnisses in Brasilien. Göttingen 1978.
- Ferraz, Paulo Malta: Apontamentos para a história da colonização de Blumenau 1850-1860. São Paulo 1949.
- Fouquet, Carlos: Der deutsche Einwanderer und seine Nachkommen in Brasilien. 1808 – 1824 – 1974. São Paulo und Porto Alegre 1974.
- Freyre, Gilberto: Nós e a Europa Germânica: em torno de alguns aspectos das relações do Brasil com a cultura germânica no decorrer do século XIX. Rio de Janeiro 1971.
- Fröschle, Hartmut: Die Deutschen in Brasilien einst und jetzt. Wien 2006.
- Frotscher, Méri: Identidades Móveis: Práticas e discursos das elites de Blumenau (1929–1950). Blumenau 2007.
- Gaudig, Olaf und Veit, Peter: Hakenkreuz über Südamerika. Ideologie, Politik, Militär. Berlin 2004.
- Gertz, Rene Ernaini: Politische Auswirkungen der deutschen Einwanderung in Südbrasilien. Die Deutschstämmigen und die faschistischen Strömungen in den 30er

Jahren. Phil. Diss. Pol. [masch.]. Berlin 1980.

- Gertz, Rene Ernaini: O Perigo alemão. Porto Alegre 1991.
- Görisch, Stephan: Information zwischen Werbung und Warnung. Die Rolle der Amerikaliteratur in der Auswanderung des 18. und 19. Jahrhunderts. Darmstadt und Marburg 1991.
- Harms-Baltzer, Käte: Die Nationalisierung der deutschen Einwanderer und ihrer Nachkommen in Brasilien als Problem der deutsch-brasilianischen Beziehungen 1930-1938. Berlin 1970.
- Holanda, Sérgio Buarque de: Raízes do Brasil. Rio de Janeiro 1936.
- Holanda, Sérgio Buarque de (Hrsg.): História Geral da Civilização Brasileira. Tomo II O Brasil Monárquico. 3.□ Volume Reações e Transações. São Paulo 1967.
- Klug, João: Imigração e Luteranismo em Santa Catarina. A comunidade Alemã de Desterro – Florianópolis. Florianópolis 1994.
- Lazzari, Beatriz Maria. Imigração e ideologia: Reação do Parlamento Brasileiro à política de colonização e imigração (1850-1875). Porto Alegre und Caxias do Sul 1980.
- Lesser, Jeffrey: Negotiating national identity. Immigrants, Minorities, and the Struggle for Ethnicity in Brazil. Durham and London 1999.
- Luebke, Frederick: Germans in the New World. Essays in the history of immigration. Urbana and Chicago 1990.
- Marschalck, Peter: Deutsche Überseewanderung im 19. Jahrhundert. Ein Beitrag zur soziologischen Theorie der Bevölkerung. Stuttgart 1973.
- Moltmann, B. H.: Deutsche Siedelung in Süd-Brasilien. Ein erfolgreiches Jahrhundert deutscher überseeischer Siedelungsarbeit. S.l. [1918].
- Moraes, Luís Edmundo de Souza: Konflikt und Anerkennung: Die Ortsgruppen der NSDAP in Blumenau und in Rio de Janeiro. Berlin 2005.
- Müller, Telmo Lauro: Colônia alemã. 160 anos de história. Caxias do Sul 1984.
- Oberacker Junior, Karl Heinrich: Der deutsche Beitrag zum Aufbau der brasilianischen Nation. São Paulo 1955.
- Prien, Hans-Jürgen: Evangelische Kirchenwerdung in Brasilien. Von den deutsch-evangelischen Einwanderergemeinden zur Evangelischen Kirche Lutherischen Bekenntnisses in Brasilien. Gütersloh 1989.
- Roche, Jean: A Colonização alemã no Espírito Santo. São Paulo 1968.

- Schaden, Egon: O estudo sócio-antropológico da aculturação dos alemães no Brasil. S.l. 1973.
- Schmahl, Helmut: Verpflanzt, aber nicht entwurzelt. Die Auswanderung aus Hessen-Darmstadt (Provinz Rheinhessen) nach Wisconsin im 19. Jahrhundert. Frankfurt am Main u.a. 2000.
- Schneider, Ingrid Schulze: Alemania y América. La llamada del Nuevo Mundo: 500 años de presencia alemana en América. Madrid 1995.
- Seyferth, Giralda: A colonização alemã no Vale do Itajaí-Mirim: um estudo de desenvolvimento econômico. Porto Alegre 1974.
- Seyferth, Giralda: Imigração e cultura no Brasil. Brasília 1990.
- Silva, José Ferreira da: A imprensa em Blumenau. Florianópolis 1977.
- Silva, José Ferreira da: História de Blumenau. Blumenau 1950.
- Voigt, André Fabiano: A Invenção do Teuto-Brasileiro. Diss. His. Florianópolis 2008.
- Wagner, Reinhardt: Deutsche als Ersatz für Sklaven: Arbeitsmigranten aus Deutschland in der brasilianischen Provinz São Paulo 1847-1914. Frankfurt am Main 1995.
- Willems, Emilio: Followers of the New Faith. Culture Change and the Rise of Protestantism in Brazil and Chile. Nashville 1967.
- Willems, Emilio: A Aculturação dos Alemães no Brasil: Estudo antropológico dos imigrantes alemães e seus descendentes no Brasil Überarb. u. erw. São Paulo [2]1980.
- Whitfield, Peter: Städte der Welt. In historischen Karten. Übers. von Erwin Fink. Stuttgart 2006.

8.2.2 Periodika

- Alves, Débora Bendochi: Cartas de imigrantes como fonte para o historiador: Rio de Janeiro – Turíngia (1852-1853), in: Revista Brasileira de História 23/45 (2003), S. 155-184.
- Hehl, Rudolph: Die Entwicklung der Einwanderungsgesetzgebung in Brasilien, in: Schriften des Vereins für Socialpolitik 72 (1896), S. 273-302.
- Köstlin, Konrad: Folklore, Folklorismus und Modernisierung, in: Schweizerisches Archiv für Volkskunde / Archives suisses des traditions populaires. Vierteljahrschrift im Auftrag der Schweizerischen Gesellschaft für Volkskunde 87 (1991), S. 46-66.
- Pereira, João Baptista Borges: Emílio Willems e Egon Schaden na história da

Antropologia, in: Estudos Avançados. 8/22 (1994), S. 249-253.

- Schulze, Frederik: O discurso protestante sobre a germanidade no Brasil. Observações baseadas no periódico Der deutsche Ansiedler 1864-1908, in: Revista Espaço Plural 9/19 (2008), S. 21-28.
- Silva, José Ferreira da: Pastor Hermann Faulhaber, in: Blumenau em Cadernos 39/6 (1998), S. 32-35.
- Wandall, W.J. [1883]: Ensino Público e Particular em Blumenau, in: Blumenau em Cadernos 34/7 (1993), S. 214-216.
- [-]: Centenário da Comunidade Evangélica de Blumenau, in: Blumenau em Cadernos 1/1 (1957), S. 14-15.
- [-]: Figuras do Passado. Pastor Hermann Faulhaber, in: Blumenau em Cadernos 7/1 (S.a.), S. 13-14.

8.2.3. Sammelbände

- Binder, João Capistrano: Imprensa e Publicidade, in: Comissão de Festejos (Hrsg.): Centenário de Blumenau. 1850 – 2 de setembro – 1950. Blumenau 1950, S. 315-337.
- Bräuer, Georg: Presença cultural alemã no Brasil – considerações sobre o trabalho exterior cultural de organizações intermediárias alemãs, in: UFRG (Hrsg.): III Colóquio de Estudos Teuto-Brasileiros. Porto Alegre 1980, S, 521-526.
- Bretting, Agnes: Funktion und Bedeutung der Auswanderungsagenturen in Deutschland im 19. Jahrhundert, in: Dies. und Bickelmann, Hartmut (Hrsg.): Auswanderungsagenturen und Auswanderungsvereine im 19. und 20. Jahrhundert. Stuttgart 1991, S. 11-90.
- Bickelmann, Hartmut: Auswanderungsvereine, Auswandererverkehr und Auswandererfürsorge in Deutschland 1815-1930, in: Agnes Bretting und ders. (Hrsg.): Auswanderungsagenturen und Auswanderungsvereine im 19. und 20. Jahrhundert. Stuttgart 1991, S. 91-262.
- Dreher, Martin: O Estado Novo e a Igreja Evangélica Luterana, in: Telmo Lauro Müller (Hrsg.): Nacionalização e Imigração Alemã. X Simpósio de História da Imigração e Colonização Alemãs – São Leopoldo, set. de 1992. São Leopoldo 1994, S. 87-110.
- Gertz, René: Cidadania e Nacionalidade: História e Conceitos de uma Época, in: Telmo Lauro Müller (Hrsg.): Nacionalização e Imigração Alemã. X Simpósio de História da

Imigração e Colonização Alemãs – São Leopoldo, set. de 1992. São Leopoldo 1994, S. 13-26.

- Hunsche, Carlos Henrique: Presença e integração construtiva do elemento germânico, in: UFRG (Hrsg.): III Colóquio de Estudos Teuto-Brasileiros. Porto Alegre 1980, S. 503-508.
- Jungblut, Airton Luiz: O protestantismo luterano dos teuto-brasileiros: algumas considerações necessárias para uma abordagem antropológica, in: Claudia Mauch und Naira Vasconcelos (Hrsg.): Os Alemães no Sul do Brasil. Canoas 1994, S. 139-147.
- Kiefer, Sabine: Dr. Hermann Blumenau – Leben und Werk, in: Cristina Ferreira und Sueli Maria Vanzuita Petry (Hrsg.): Um alemão nos trópicos. Dr. Blumenau e a política colonizadora no sul do Brasil. Edição Especial Alusiva ao Centenário de Falecimento de Hermann Bruno Otto Blumenau 1899 – 1999. / Ein Deutscher in den Tropen. Dr. Blumenau und die Kolonisationspolitik in Südbrasilien. Sonderauflage zum 100. Todestag von Hermann Bruno Otto Blumenau 1899 – 1999, Blumenau 1999, S. 26-41.
- Kipper, Maria Hoppe: A Nacionalização em Santa Cruz do Sul, in: Telmo Lauro Müller (Hrsg.): Nacionalização e Imigração Alemã. X Simpósio de História da Imigração e Colonização Alemãs – São Leopoldo, set. de 1992. São Leopoldo 1994, S. 121-134.
- Kreutz, Lúcio: A Escola Teuto-Brasileira Católica e a Nacionalização do Ensino, in: Telmo Lauro Müller (Hrsg.): Nacionalização e Imigração Alemã. X Simpósio de História da Imigração e Colonização Alemãs – São Leopoldo, set. de 1992. São Leopoldo 1994, S. 27-64.
- Lang, Guido: A Nacionalização na Colônia Teutônia, in: Telmo Lauro Müller (Hrsg.): Nacionalização e Imigração Alemã. X Simpósio de História da Imigração e Colonização Alemãs – São Leopoldo, set. de 1992. São Leopoldo 1994, S. 135-140.
- Methner, Hans: A Comunidade Evangélica de Blumenau, in: Comissão de Festejos (Hrsg.): Centenário de Blumenau. 1850 – 2 de setembro – 1950. Blumenau 1950, S. 277-283.
- Müller, Telmo Lauro: A Nacionalização e a Escola Teuto-Brasileira, in: Ders. (Hrsg.): Nacionalização e Imigração Alemã. X Simpósio de História da Imigração e Colonização Alemãs – São Leopoldo, set. de 1992. São Leopoldo 1994, S. 65-74.
- Müller, Telmo Lauro: Sobrevoando nossa história, in: Ders. (Hrsg.): 175 anos de Imigração Alemã. Porto Alegre 2001, S. 13-25.

- Rabuske, Arthur: A Nacionalização e a Igreja Católica, in: Telmo Lauro Müller (Hrsg.): Nacionalização e Imigração Alemã. X Simpósio de História da Imigração e Colonização Alemãs – São Leopoldo, set. de 1992. São Leopoldo 1994, S. 157-188.
- Rambo, Arthur Blásio: Nacionalização e Imprensa, in: Telmo Lauro Müller (Hrsg.): Nacionalização e Imigração Alemã. X Simpósio de História da Imigração e Colonização Alemãs – São Leopoldo, set. de 1992. São Leopoldo 1994, S. 75-86.
- Senna, Nelson de: Was Brasilien der deutschen Kultur und Mitarbeit verdankt, in: Franz Termer (Hrsg.): Die Bedeutung deutscher Kultur und deutscher Arbeit in Brasilien von Professor Dr. Nelson de Senna in Bello Horizonte. Übers. von E. A. Scheibe. Würzburg 1933, S. 25-51.
- Seyferth, Giralda: A Colonização Alemã no Brasil: Etnicidade e conflito, in: Boris Fausto (Hrsg.): Fazer a América. A Imigração em Massa para a América Latina. São Paulo ²2000, S. 273-313.
- Thistlethwaite, Frank: Europäische Überseewanderung im 19. und 20. Jahrhundert, in: Wolfgang Köllmann und Peter Marschalck (Hrsg.): Bevölkerungsgeschichte. Köln 1972, S. 323-355.
- [-]: Blumenauenses Ilustres, in: Comissão de Festejos (Hrsg.): Centenário de Blumenau. 1850 – 2 de setembro – 1950. Blumenau 1950, S. 387-436.

8.3. Internetquellen:

- http://www.arquivodeblumenau.com.br/bnucadernos_1.php (aufgerufen am 20.12.2011).
- http://www.arquivodeblumenau.com.br/arqhistorico.html (aufgerufen am 20.12.2011).
- http://www.clicrbs.com.br/jsc/sc/impressa/4,186,3095362,15815 (aufgerufen am 24.12.2011).
- http://www.ezab.de/d/aframe.html (aufgerufen am 01.12.2011).
- http://elisianacastro.wordpress.com/artigos-publicados (aufgerufen am 24.12.2011).
- http://atlasescolar.ibge.gov.br/images/atlas/mapas_brasil/brasil_politico.pdf (aufgerufen am 25.08.2014).
- http://www.ieclbhistoria.org.br/home/ (aufgerufen am 14.01.2012).
- http://www.ieclbhistoria.org.br/home/index.php?option=com_content&task=view&id=48&Itemid=1 (aufgerufen am 14.01.2012).
- http://www.museuclubesdecacaetiro.com.br/ (aufgerufen am 14.01.2012).

- http://www.portoseguro.org.br/martius_de.asp (aufgerufen am 01.12.2011).
- Freyre, Gilberto: Uma Cultura ameaçada: a luso-brasileira. Recife 1940. Online: http://prossiga.bvgf.fgf.org.br/portugues/obra/opusculos/uma_cultura_ameacada.htm (aufgerufen am 11.07.2011).
- Meyer, Dagmar E. Estermann: Cultura Teuto-Brasileiro-Evangélica no Rio Grande do Sul: "Conteúdos" e "Movimentos" da Articulação de Gênero com Raça, Classe, Nação e Religião. Online: http://www.desafio.ufba.br/ gt4.html (aufgerufen am 12.07.2011).

9. Anhang

9.1. Abkürzungen

AHJFS - Arquivo Histórico José Ferreira da Silva

BA - Bahia

Bd. - Band

Ders. - Derselbe

Dies. - Dieselbe

E.O. - Evangelischer Oberkirchenrat: übliche Abkürzung für EOK in den Akten

EOK - Evangelischer Oberkirchenrat: oberste Verwaltungsbehörde der Landeskirche der älteren Provinzen Preußens

ES - Espírito Santo

EZA - Evangelisches Zentralarchiv in Berlin

Hrsg. - Herausgeber

Ibid. - Ibidem

MG - Minas Gerais

NSDAP - Nationalsozialistische Deutsche Arbeiterpartei

PR - Paraná

RJ - Rio de Janeiro – das Bundesland

RS - Rio Grande do Sul

SC - Santa Catarina

SP - São Paulo – das Bundesland

u.a. - unter anderem / unter anderen

UFRG - Universidade Federal do Rio Grande do Sul

UFSC - Universidade Federal de Santa Catarina

UNIOESTE - Universidade Estadual do Oeste do Paraná

USP - Universidade de São Paulo

9.2. Karte Brasiliens

Quelle: Instituto Brasileiro de Geografia e Estatística – IBGE. Mapa Político do Brasil: Diretoria de Geociências, Coordenação de Cartografia.

Online verfügbar unter: http://atlasescolar.ibge.gov.br/images/atlas/mapas_brasil/brasil_politico.pdf (zuletzt aufgerufen am 25.08.2014). Es handelt sich hier um die politische Landkarte Brasiliens. Die Magisterarbeit beinhaltete ursprünglich eine andere Karte. Der Austausch war sinnvoll, weil die jetzige Karte den geographischen Gegebenheiten detaillierte wiedergibt. Sie soll dazu dienen, Blumenau und die Region in Brasilien richtig zu verorten: ungefähr 60 Km entfernt von der Küste Richtung Landesinneren im Bundesstaat Santa Catarina, gleich oberhalb von Rio Grande do Sul, dem südlichsten Bundesstaat Brasiliens.

9.3. Karte der evangelischen Kirchengemeinden in der Stadt Blumenau

Siehe auch den Verlauf des Flusses Itajaí-Açú, der durch die Stadt Blumenau fließt.

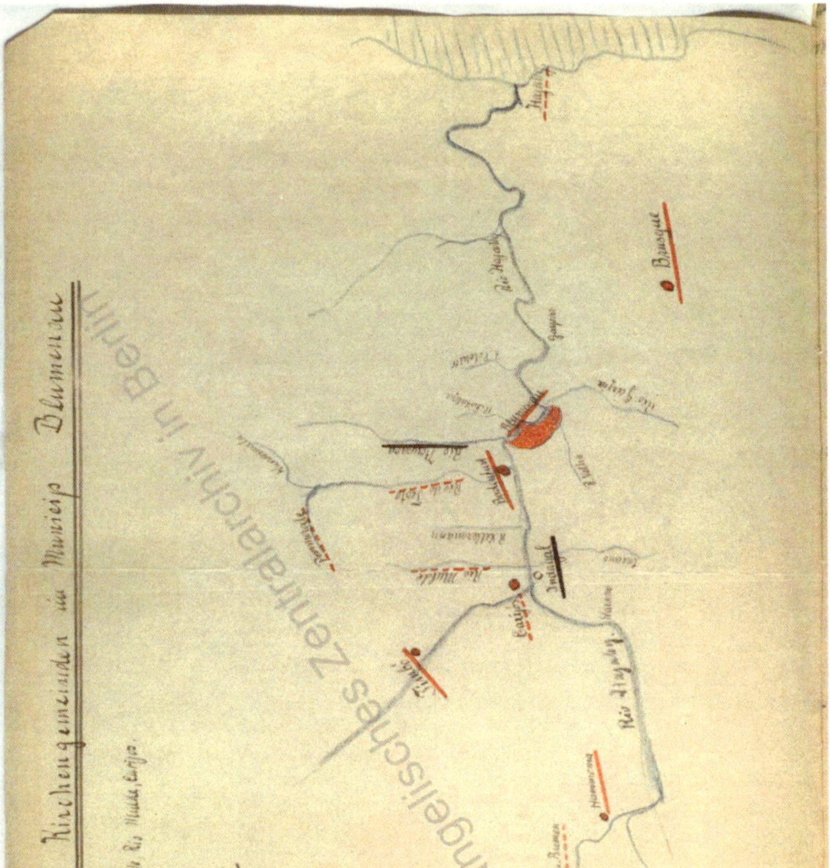

Quelle: EZA 5/2483 zu Blumenau Bd. 2. Von Mai 1906 bis Dezember 1920, hier: S. 46 gestempelt oder 34 handschriftlich, denn die Nummerierung wird nicht konsequent durchgeführt. Die Kopie mit Wasserzeichen wurde für die Veröffentlichung der Arbeit vom Evangelischen Zentralarchiv in Berlin zur Verfügung gestellt.

9.4. Bericht über das Praktikum

Auf die Person Faulhaber bin ich während eines Praktikums gestoßen. Vom 9. August bis zum 24. September 2010 habe ich ein Praktikum am Geschichtsarchiv in Blumenau, dem *Arquivo Histórico José Ferreira da Silva* – AHJFS – im Süden Brasiliens absolviert und beschäftigte mich dort mit Dokumenten, die von deutschen Archiven stammen, sowie mit Briefen, die von Personen aus der ortsansässigen Bevölkerung in Blumenau geschrieben wurden. Der untersuchte Zeitraum betraf die Jahrzehnte zwischen 1850 und 1940. Themen waren die Auswanderung der Deutschen aus Deutschland und die Einwanderung in Südbrasilien. Die organisatorischen, administrativen und politischen Auseinandersetzungen über die Ansiedlung der Deutschen im Süden Brasiliens, also die Bildung, Religionsausübung, den Handel, Konsulatsthemen und Auseinandersetzungen, die erst die deutschen Länder und dann das Deutsche Reich betrafen.

Im Laufe des Praktikums stieß ich auf den Namen Pastor Faulhabers, der mir bis dahin nicht begegnet war. In einem Gespräch mit der Leiterin des Archivs teilte diese mir mit, dass noch nichts Wesentliches über ihn erschienen sei und dass über sein Leben und Werk noch nicht geforscht worden wäre. Da er als deutscher Pastor nach Brasilien auswanderte und nach mehr als 16 Jahren, angeblich aufgrund einer lokalen Auseinandersetzung, nach Deutschland zurückkehrte, stellte sich heraus, dass seine Tätigkeit in Brasilien analysiert werden musste, um Details über die lokale Gesellschaft, Faulhabers Leistung in Blumenau und seine Rückkehr ins Heimatland herauszufinden. Denn es wurden zwar kurze Texte über ihn verfasst, aber sein Beitrag für die Gesellschaft in Blumenau wurde nie wissenschaftlich analysiert.

Zurück in Deutschland nahm ich ein paar Monaten später von München aus Kontakt zum Evangelischen Zentralarchiv in Berlin auf, um zu fragen, ob es Material über Faulhaber gäbe. Da dies der Fall war fuhr ich nach Berlin, um vom 19. bis 21. April 2011 im Archiv zu recherchieren. Da es vor der Reise nicht möglich war abzuschätzen, wie viel Material vorhanden sein würde, habe ich zu wenig Zeit eingeplant was dazu führte, dass ich vom 20. bis 23. Juni 2011 nochmals dort recherchierte. Außerdem bestellte ich Kopien von Teilen des Inhaltes der Akten, die mir zugeschickt wurden. Nicht alle Dokumente waren für die Arbeit unerlässlich oder betrafen Faulhaber, aber für diese Recherche ist es nur nach dem Transkribieren möglich zu wissen, was wichtig sein könnte, denn die Sütterlin-Schrift – in der der Schriftverkehr der Zeit verfasst wurde – war für mich nicht einfach zu entziffern. Hinzukommt, dass Pastor Faulhaber eine sehr komplizierte Handschrift besaß. Vom 24. August bis 05. September 2011 war ich nochmals im Archiv in Blumenau – Brasilien –, um Dokumente einzusehen und die Zeitungen durchzulesen, die bestimmte Vorgänge und Situationen klarstellten. Die Zeit nutzte ich außerdem, um dort und in der *Biblioteca Municipal Dr. Fritz Müller* die Literatur ausfindig zu machen, die in Deutschland nicht zur Verfügung stand. Für die Recherche über den Pastor habe ich das Evangelische Zentralarchiv in Berlin – Deutschland – und das AHJFS in Blumenau – Brasilien – in Anspruch genommen.

9.5. Liste mit einführenden Werken zu Blumenau und mit der Stadt verbundenen Personen

Es ist eine Liste von einigen Werken, die die Stadt oder Persönlichkeiten der Stadt nicht nur historisch betrachten und doch in den Mittelpunkt rücken. Diese Liste folgt einer chronologischen Ordnung. Zuerst werden die neuesten Erscheinungen angeführt, dann die älteren. Ausnahmen bilden nur die letzten angeführten Werke:

- Nach wie vor ist das Erscheinen der Zeitschrift *Blumenau em Cadernos* für die Forschung in Blumenau und Region wichtig;

- Fiori, Neide Almeida und Petry, Sueli Maria Vanzuita: Índice da Revista Blumenau em Cadernos. Referências de Autores e Títulos 1957 a 1995. Blumenau und Florianópolis 1996. Es ist eine Sondererscheinung der Zeitschrift mit dem Inhaltsverzeichnis der gesamten Erscheinungen zwischen den Jahren 1957 und 1995. Das Werk beinhaltet 422 Seiten. Da es nicht zur Ausgabe der Zeitung an sich gehört, führe ich sie hier deswegen nicht als Zeitschrift an.

- Blumenau, Hermann Bruno Otto [1855]: Deutsche Kolonie Blumenau in der Provinz Santa Catharina in Süd-Brasilien. Bericht bis Juni 1855 und Aufforderung zum Anschluß, in: Cristina Ferreira (Hrsg.): A Colônia Alemã Blumenau: na Província de Santa Catarina no Sul do Brasil = Deutsche Kolonie Blumenau in der Provinz Santa Catharina in Süd-Brasilien. Blumenau 2002. Das zweisprachige Werk - also Portugiesisch und Deutsch – wurde von Annemarie Fouquet Schünke vom Deutschen ins Portugiesische übersetzt. Es ist ein Bericht Hermann Blumenaus bis Juni 1855 über die Kolonie sowie eine Aufforderung zum Anschluss, versehen mit allgemeinen Anmerkungen über die deutschbrasilianische Kolonisation, eine Beschreibung des Itajaítals und eine Landkarte der Region, das so dem großen Publikum zugänglich gemacht wurde.

- Wittmann, Angelina Camargo Rodrigues: A Ferrovia no Vale do Itajaí. Estrada de Ferro Santa Catarina. Blumenau 2010. Wie der Titel es schon besagt, beschäftigte sich die Autorin mit der Geschichte der Eisenbahn im Tal des Itajaí;

- Andrade, Edinara Terezinha de und Santos, Nelson Garcia (Hrsg.): Associativismo Civil e Movimentos Sociais em Blumenau: História, Organização e Mecanismos de Participação. Blumenau 2010. Es ist eine Beschreibung der Organisierungsformen, Strukturierung, Geschäftsordnung und die Wirkung im öffentlichen Raum von zivilen Verbänden und soziale Bewegungen;

- Henkels, Luiz Carlos und Habitzreuter, Rubens Roberto: Estrada de Ferro de Santa Catarina – EFSC 1909 – 2009. Santa Catarina 2009. Auch dieses Werk beschäftigt sich mit dem Eisenbahnbau in SC;

- Fáveri, Marlene de: Memórias de uma (outra) guerra. O cotidiano e medo durante a Segunda Guerra em Santa Catarina. Itajaí 2004. Anhand von Quellen und Interviews analysiert die Wissenschaftlerin die Erlebnisse der deutschen Nachkommen in Brasilien während des Zweiten Weltkrieges und die daraus entstandenen Folgen;

- Petry, Sueli Maria Vanzuita; Ferreira, Cristina und Weiss, Ula: A fibra tece a história: a contribuição da indústria têxtil nos 150 anos de Blumenau = A history woven of fiber. Übers. ins Englische von Lieberto H. Streck. Blumenau 2000. Zweisprachig: Portugiesisch und Englisch, beginnt es mit dem Kapitalismus in Deutschland, um dann Brasilien im 19. Jahrhundert, Dr. Blumenau und die Kolonisation zu schildern, bevor es sich der Geschichte der Textilindustrie in Blumenau widmet, die mit der Geschichte der Stadt verwoben ist und wenn man so will, mit der Weltgeschichte im Falle der Weltkriege.

- Frotscher, Méri: Olhares sobre o saneamento em Blumenau. Uma perspectiva histórica. Blumenau 2000. Gibt einen Überblick über die Geschichte der öffentlichen Einrichtungen der Stadt bezüglich der Behandlung des Wassers, bevor es zu den Häusern der Leute kommt, die Wasserstation an sich sowie der öffentlichen Hygiene;

- Ferreira, Cristina: Cidadania e Identidade na Sociedade Teuto-Brasileira: José Deeke e os embates culturais interétnicos no Vale do Itajaí. Florianópolis 1998. Die Autorin beginnt mit der Kindheit und Jugend José Deekes, der Kartograph, Landmesser und Direktor der hanseatischen Kolonisationsgesellschaft in Ibirama bei Blumenau wurde und analysiert die Werke dieses Mannes in Bezug auf seine deutschbrasilianische Identität, um dann auf die Identität des Bundeslandes einzugehen, d.h. die Suche der Deutschbrasilianer nach der Staatsangehörigkeit im erweiterten Sinne, da die Nachkommen der eingewanderten

Deutschen schon als Brasilianer geboren werden aufgrund des *ius soli*;

- Zillig, Cezar: Dear Mr. Darwin. A Intimidade da correspondência entre Fritz Müller e Charles Darwin. São Paulo 1997. Wie der Titel es nahe legt, beschäftigte sich der Autor mit dem Briefverkehr zwischen Fritz Müller und Charles Darwin;
- Santos: Sílvio Coelho dos: Os índios Xokleng. Memória Visual. Florianópolis und Itajaí 1997. Es gibt einen Einblick in die Geschichte der Xokleng-Indianer in der Region um Blumenau;
- Deeke, José: O Município de Blumenau e a História de seu Desenvolvimento. Blumenau 1995. Das Werk ist eine Zusammensetzung der drei von José Deeke geschriebenen Werke, die im Jahr 1917 herausgegeben wurden, in denen er die Geschichte und die Entwicklung der Stadt Blumenau – eingeordnet in der Geschichte Brasiliens - darstellte;
- Hering, Maria Luiza Renaux: Colonização e Indústria no Vale do Itajaí: o Modelo Catarinense de Desenvolvimento. Blumenau 1987. Das Werk beginnt mit den Anfängen der sozio-ökonomischen Entwicklung im Bundesland SC, widmet sich dann der dortigen Entstehung der Industrie und zuletzt dem Wirtschaftswachstum der textilen Industrie bis 1945 mit einem kurzen Blick bis 1960;
- Seyferth, Giralda: Nacionalismo e identidade étnica. A ideologia germanista e o grupo étnico teuto-brasileiro numa comunidade do Vale do Itajaí. Florianópolis 1981. Sie problematisiert den Nationalismus in Deutschland, um sich dann mit dem Nationalismus und der deutschbrasilianischen Presse zwischen den Jahren 1881 bis 1930 im Itajaítal auseinanderzusetzen. Außerdem geht sie auf die deutschbrasilianische Literatur, die Ethnizität der Gruppe, sowie die durch die Nationalisierungskampagne entstandenen Konflikte und Veränderungen ein. Sie schließt mit Worten über die Lage der Identitäts- und Herkunftsdiskussion um 1980;
- Fouquet, Karl: Dr. Hermann Blumenau. Ein Bild seines Lebens. Blumenau 1979. Das Werk schildert das Lebens des Kolonisators und seine Familie. Der Autor beginnt mit seiner Geburt in Hasselfelde in Deutschland und betrachtet auch die Überführung der Urnen Blumenaus, seiner Frau und seiner Mutter aus Deutschland in das Mausoleum in Blumenau;
- Entres, Alberto und Entres, [Gottfried] (Hrsg.): Gedenkbuch zur Jahrhundertfeier deutscher Einwanderung im Staate Santa Catharina. Der Staat Santa Catharina in Vergangenheit und Gegenwart unter besonderer Berücksichtigung des Deutschtums. Bearb. Von Gottfried Entres. Florianópolis 1929. Verschiedene Autoren trugen mit

Aufsätzen zu dem Werk bei. Es beginnt mit einer Einführung in die Geschichte Santa Catarinas noch vor dem Anfang der deutschen Einwanderung. Die Indianerbevölkerung und die Verwaltungsbezirke werden angesprochen. Der Hauptteil beschäftigt sich mit der Einwanderung der Deutschen und die Kolonisation. Politik, Wirtschaft, Handel, Industrie, Gesundheit, Entwicklung und kulturelles Leben sind einige der betrachteten Themen, genauso wie das Schulwesen, die Kirche, das Vereinswesen und die Wissenschaft.

Die nächsten Werke sind dem literarischen Bereich zuzuordnen und nur im erweiterten Sinn für die Geschichte Blumenaus von Interesse, obwohl man auch hier mit einer anthropologisch-kulturellen Vorgehensweise bestimmte historische Aussagen für den geschichtlichen Bereich herausgreifen könnte:

- Warmeling, Alda Nunes: 1985-2010 CVV Blumenau 25 anos valorizando a vida. Blumenau 2010. Es ist sozusagen ein Gedenkbuch anlässlich der 25-jährigen Arbeit des *CVV – Centro de Valorizacao da Vida*, eine Einrichtung, die für das Wohl der Bewohner arbeitet –, in Blumenau. Die Autorin betrachtet außerdem kurz die Geschichte der Einrichtung und veröffentlicht u.a. Poesien;
- Stutzer, Therese: Marie Luise. Herausgegeben und übers. von Valburga Huber. Blumenau 2002. Es ist zweisprachig – Deutsch und Portugiesisch. Das Buch gibt eine romantisierende Version der Immigration, der Kolonisation und der Natur der Region wieder. Die Edition lässt leider zu wünschen übrig, da das im portugiesischen Alphabet nicht zu findende ß im deutschen Teil mit einem nicht entsprechenden Buchstabe wiedergegeben wurde;
- Devegili, Neusa Maria: A Força da palavra Blumenau. Idéias de Crianças e Jovens. Herausgegeben vom Instituto 150 Anos und Editora Gráfica Odorizzi Ltda. Blumenau 2000. Das Institut entstand als Ehrung für das 150-jährige Jubiläum der Stadt. Es ist eine Auswahl von Texten, die von Kindern der 5. bis 8. Klasse verfasst worden sind. Dabei ist das brasilianische Schulsystem jedoch nicht mit dem deutschen vergleichbar.
- Carvalho, Brasilino de: Blumenau suas raízes e sua fama. São Paulo 1979. Wie dem Werk zu entnehmen ist: „Durch die Entstehung halb indianisch, halb Deutsch, mit viel ästhetische und humane Schönheit regt die Stadt die Aufmerksamkeit Brasiliens und der Welt an.“